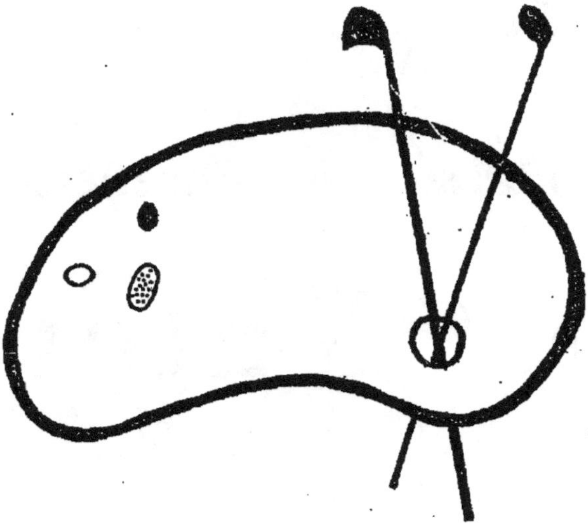

DEBUT D'UNE SERIE DE DOCUMENTS
EN COULEUR

George FONSEGRIVE

La Prière des Chrétiens

Le " Pater "

BLOUD & Cⁱᵉ

S. & F. 492

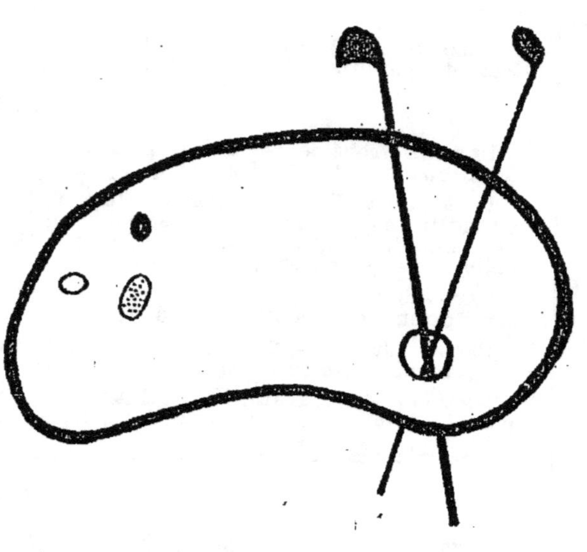

FIN D'UNE SERIE DE DOCUMENTS
EN COULEUR

La voie de l'Homme

ET

LA PRIÈRE DU CHRÉTIEN

Le « Chemin de la Croix »

ET

LE "PATER"

PAR

George FONSEGRIVE

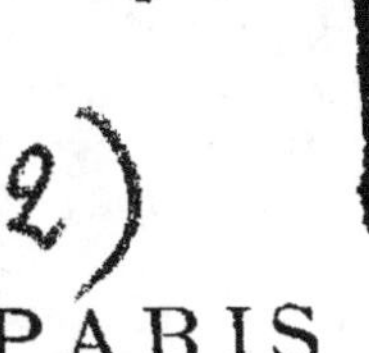

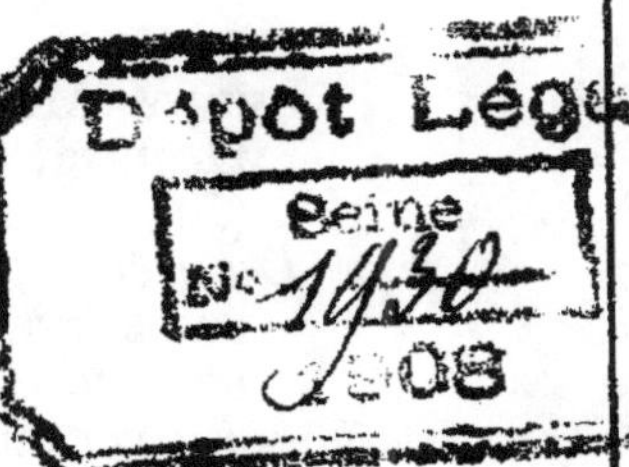

PARIS

LIBRAIRIE BLOUD & Cie

4, RUE MADAME, 4

1908

Reproduction et traduction interdites.

MÊME COLLECTION

LE CHEMIN DE LA CROIX

Aux yeux des chrétiens, Jésus-Christ n'est pas seulement le Fils de Dieu, il est encore le « Fils de l'Homme », et c'est de ce nom que lui-même aimait à se désigner ; par là, il est l'exemplaire achevé de l'Humanité ; les conditions de sa vie et de sa mort sont les lois mêmes de la condition humaine ; en son histoire se trouve enfermée, comme en un type, l'histoire de chacun des hommes. Tout l'essentiel s'y retrouve, sauf le mal qui n'est pas la loi, mais au contraire va contre la loi, qui n'est pas essentiel au type, puisqu'au contraire il le déforme et l'altère. C'est pour cela que l'histoire de l'Homme-Dieu forme l'essentiel de la vie intérieure du chrétien et que le Livre de l'*Imitation* du Christ a été placé tout de suite après l'Evangile.

Mais on peut considérer la vie de Jésus, type de la vie de chacun des hommes, de deux points de vue : on peut la regarder comme un modèle qu'il faut reproduire, et c'est là l'idée véritablement chrétienne, soutien de la vie morale, aliment de la piété ; mais on a aussi bien le droit de voir en cette histoire comme un résumé des péripéties de toute vie ; cette idée, pour être plus humaine, moins religieuse, a bien aussi sa raison et vraiment sa philosophie. Les incroyants mêmes peuvent s'y arrêter, y trouver matière à méditation, s'y plaire par cela seul et commencer à aimer l'humanité au moins de Celui dans la vie duquel ils voient l'image anticipée de leur vie, dans l'histoire duquel ils reconnaissent les lignes maîtresses de leur propre histoire. Par là, peut-être, seront-ils amenés à se demander par quelle mystérieuse coïncidence, à travers vingt siècles, chacun d'eux se reconnaît en ce jeune et séduisant rabbi galiléen, qui mourut sous Ponce-Pilate, et comment il se peut faire que cet homme ait été l'Homme, n'ayant pas accompli une action, fait un geste, dit une parole qui ne soient l'action, le geste, la parole que chacun de nous voudrait dire ou faire, s'il n'écoutait que ce qu'il y a de meilleur en lui ? Celui qui, n'étant qu'un seul homme, fut cependant l'Homme, ne serait-il pas par cela même plus qu'un homme et conséquemment un Dieu ? Voilà bien les réflexions que peut suggérer, même aux non-chrétiens, la lecture de l'Evangile et le récit de la vie du Christ.

Je voudrais essayer de montrer ici comment le récit de la passion et de la mort de Jésus me paraît résumer l'histoire de toute entreprise particulière, la trame tragique de toute vie. Il serait intéressant, je crois, de le faire voir en suivant le récit des Évangiles, mais il ne le sera peut-être pas moins de le tenter en suivant pas à pas la tradition catholique sous la forme populaire qu'elle a revêtue dans l'exercice de dévotion auquel on donne le nom de Chemin de la Croix. En ces quatorze étapes, qui vont de la condamnation à la mise au tombeau, se trouvent marquées les étapes de toute vie humaine, les étapes de toute œuvre de quelque valeur à laquelle s'attache une âme. Sous son apparence purement philosophique et naturelle, une méditation de ce genre n'est peut-être pas dénuée de toute valeur, de toute portée religieuse. Car, comment la grâce pourrait-elle s'évaporer tant que l'on s'occupe et tant que l'on parle de Celui qui fut la grâce même, et comment pourrait-on, quand on vient au bord des sources sacrées, ne pas sentir la bienfaisance des rosées célestes ? Peut-on en Jésus s'approcher de l'homme, sans éprouver le frisson qui annonce l'approche du Dieu ?

I

C'est une image grossière : un Pilate barbu, vêtu de rouge, se lave les mains, et deux soldats casqués emmènent un homme enchaîné. Cet homme est condamné par ce Pilate, espèce de représentant de la puissance publique qui n'a rien trouvé de répréhensible dans l'accusé mais a condamné cependant, ou, du moins, a laissé le vulgaire, l'opinion publique prononcer la condamnation. Qu'avait donc fait l'homme que maintenant les soldats emmènent ?... Il avait guéri les malades, ressuscité les morts, conspué les hypocrites, chassé les vendeurs du temple, prêché la bonne nouvelle du royaume de Dieu promis aux pauvres, et ses disciples, auxquels il ne pouvait contredire, avaient proclamé en lui une royauté qui, pour n'être point de ce monde, n'en courbait pas moins devant elle la hauteur de tous les trônes. Il avait fait du bien, annoncé une grande parole, il avait été acclamé et exalté, il devait donc être condamné.

C'est l'histoire universelle de toute grande œuvre, de toute grande entreprise, c'est l'histoire du génie humain.

Quiconque apporte au monde une parole nouvelle, quelque chose qui dérange le monde de ses préjugés et de ses routines, doit être traité par ceux qu'il dérange en ennemi et en malfaiteur public. Quelques-uns qui ont approché de plus près l'homme de génie, qui ont été initiés à sa pensée saluent en lui un sauveur ; les simples ressentent la bienfaisance immédiate de son action ; un moment, peut-être, des foules le suivent et des acclamations s'élèvent. Il a pour lui les consciences élevées et réfléchies qui peuvent dominer les idées routinières et conventionnelles, les formules toutes faites, négliger l'os pour la moelle, la paille visible pour le grain caché, les mots pour les choses, le dehors pour le dedans ; pour lui encore, les consciences naïves, dont le labeur et la vie simple ont conservé pures les spontanéités natives, qui vont d'instinct vers toutes les ascensions de la vie. Mais il a contre lui tous ceux qui ont goûté la paresse, qui savent les béatitudes de la jouissance sans tracas, de la possession sans labeur, du plaisir au plus bas prix : savants patentés, poètes pen-

sionnés, riches, princes et prêtres doivent condamner
celui dont la parole excite le peuple, trouble leur quié-
tude, dérange leur paresse et dès lors compromet l'ordre.
Toute parole nouvelle et troublante, toute invention
est perturbatrice. Troubler la paix sociale est un mal
et tout perturbateur est un criminel. Pour en con-
vaincre la multitude, on fait appel à ce qu'il peut y
avoir de bas, de grossier dans ses sentiments. On la
retourne par des sophismes, on l'ameute contre son
bienfaiteur. Et la multitude crie : Enlevez-le ! A mort !
à mort !

Il y a cependant des hommes en place, constitués en
dignité, qui pourraient, s'ils le voulaient, opposer une
digue à ces fureurs malfaisantes, qui ne reconnaissent
pas comme criminels les actes, les discours qu'on leur
dénonce ; mais, hommes politiques, ils ont le défaut de
la politique, ils tiennent à leurs places et à leurs fonc-
tions, ils ont peur d'être brisés au lieu de briser le flot.
Sceptiques d'ailleurs, ils ont vu autour d'eux tant de
compromissions, tant de lâches flexibilités, ils ne
savent plus où est la vérité et le bien public. Il n'y a
rien de mal en cet homme, sans doute, mais aussi où
est la vérité ? Qu'est-ce que c'est que la vérité ? Le fait
est que cet homme est seul, faible, et que les autres
sont forts. Le plus sûr est donc de le sacrifier. Ainsi,
l'émeute sera évitée, évitées aussi les dénonciations et
les fâcheux et personnels contre-coups, l'ordre sera
rétabli. L'homme doit donc être condamné.

Et, en effet, en dehors d'une doctrine de la vérité,
quand seules gouvernent les préoccupations égoïstes et
intéressées, quand chacun vit au jour le jour et ne
pense qu'à vivre tranquille sans prévoir et préparer
l'avenir, toute invention est un crime, toute idée nouvelle est un attentat. Harvey, avec la circulation du
sang, a soulevé contre lui tous les médecins ; le mar-
quis de Jouffroy, avec sa machine à vapeur, fut verte-
ment houspillé. De cela, les évolutionnistes concluent
que ce qui est criminel aujourd'hui sera regardé demain comme vertueux, et que l'on n'a pas le droit, sous

le vain prétexte qu'une nouveauté peut paraître criminelle, de proscrire une invention. Toute nouveauté, sans
doute, est criminelle, mais, comme le monde ne pro-
gresse que par l'invention, il convient d'être indulgent
au crime et même de le regarder d'un œil assez complai-
sant. Qui sait si Vaillant et Henry ne furent pas des
initiateurs ? Telle doctrine anarchique sur le mariage
ou la propriété regardée aujourd'hui comme criminelle
sera peut-être admise par tous, vénérée comme un
principe social.

C'est ainsi que l'on raisonne ou — plutôt — que l'on
déraisonne quand on ne sait ce que c'est que la vérité,
quand on admet qu'elle se fait et se défait au hasard
des associations, des émotions ressenties et des habi-
tudes prises, quand on croit en un mot que la vérité
n'existe pas, ou, ce qui est la même chose, qu'elle est
toujours, en somme, relative à un être relatif lui-
même et changeant sans cesse en tout et pour tout.

Mais il faut bien reconnaître que ce qui pousse à
une telle conception de la vérité, c'est l'erreur de ceux
qui prétendent enfermer non seulement en des formules
une fois données, mais surtout dans le sens qu'ils y
attachent eux-mêmes, toute la réalité et de l'être et de
la vie. L'être dépasse les sens donnés aux formules et
la vie déborde chacune de nos conceptions. Aussi les
formules ont beau être indispensables, mériter en elles-
mêmes de demeurer immuables, le sens qu'elles prennent pour les esprits individuels diffère de coloration
d'âge en âge, revêt des irisations différentes d'âme à
âme et même dans la même âme à divers instants. Il
y a une vérité absolue, c'est celle que pense Dieu ; il y
a une vérité humaine relative à l'homme, changeante
en ses aspects, en ses colorations et en ses nuances,
mais immuable en son fond que les formules expriment.
C'est pourquoi les inventions sont possibles, les nouveautés sont permises et c'est pourquoi aussi on peut
distinguer parmi les inventions et les nouveautés, dis-
cerner les vraies des fausses, les nuisibles des profi-
tables, promouvoir les unes, condamner les autres. Au

contraire, ceux qui ne croient pas à la permanence d[es]
grandes lois de l'être dont nos pensées vraies doive[nt]
être le reflet ne savent pas distinguer parmi les chos[es]
nouvelles celles qu'il faut condamner ; ils sont enclin[s]
en nos temps, à les accueillir toutes avec une faveur éga[le]
par cela seul qu'elles sont nouvelles. Et d'autre par[t]
tous ceux qui croient leur pensée adéquate à la véri[té]
absolue ne sauraient que condamner toute nouveau[té]
et toute invention. Or, le monde n'est quasi compo[sé]
que de ces deux sortes de gens : de ceux qui, se laissa[nt]
emporter au désir du changement, sourient sans dis[-]
cernement aux choses nouvelles et sont disposés [à]
absoudre tout succès momentané, de ceux enfin q[ui]
veulent demeurer tranquilles, qui ont horreur du mou[-]
vement et de l'effort qu'il exige. Et ainsi le monde e[st]
livré aux inquiets et aux paresseux, aux révolution[-]
naires et aux conservateurs. Ce sont eux qui de façon[s]
différentes condamnent à mort tout homme inventeu[r.]
Son seul crime est dans son génie. — Notre vérité est l[a]
vérité, disent les uns, il la transforme, il est criminel[.]
— Y a-t-il une vérité ? disent les autres ; il nous fa[it]
courir des périls, il est donc criminel encore. L'homm[e]
doit mourir. Jésus est condamné à mort.

II

Et tout de suite il reçoit sa croix, l'instrument de so[n]
supplice. Il devra le porter lui-même jusqu'au somme[t]
du coteau où est le lieu de l'immolation. Lourd est l[e]
bois, âpre la montée, rudes les cailloux, aiguës le[s]
pointes des rocs de la route, les épaules sont meurtrie[s,]
les reins fléchissent, les jambes peinent, les pieds sai[-]
gnent. Plus lourde et meurtrie et fléchissante et sai[-]
gnante est l'âme. Le vrai pour lequel Il était venu es[t]
proclamé faux ; Il était le bon et on le traite ains[i]
qu'un mauvais. Et on le force même, en le chargean[t]
de la croix, à collaborer à l'iniquité. Mais ce qui che[z]
les bourreaux est iniquité en lui n'est que sacrifice. I[l]

accepte de collaborer à sa mort pour assurer par elle le triomphe de sa doctrine. Il veut bien mourir puisque la méchanceté de l'homme est telle, telle sa faiblesse et tel son aveuglement que rien de grand ne peut vivre qui n'ait été arrosé de sang.

Car tout homme qui a entendu en lui-même une idée féconde qui devait se traduire au dehors en invention, en parole libératrice et qui a par là même été condamné, a entendu sa sentence. Il a reçu sa croix, il sait que ceux qu'il veut soulager ou libérer se lèveront contre lui, il porte le double fardeau de son idée qui veut vivre, de son impuissance personnelle à en assurer la vie : pour que son idée triomphe, il faut que lui-même soit vaincu ; pour que l'idée vive, il faut qu'il meure ; il accepte cette issue, il se perd pour sauver les autres et en même temps il se sauve ; il préfère à sa vie extérieure son âme profonde, par la mort il conquiert l'immortalité, l'éternelle durée de l'œuvre à travers l'humanité, à travers toute la pensée, devant l'esprit durant les siècles des siècles. Il n'est plus un homme, il est l'Homme. *Ecce Homo.* Maintenant chacun de ses efforts, chacune de ses fatigues contribuera à le tuer. Plus il se hâtera vers la réussite de son idée, plus il se hâtera vers la mort. Souvent le génie humain défaille, il refuse d'immoler l'homme à l'œuvre, l'individu à l'idée, mais, en même temps que faiblit la volonté idéale, le génie baisse, sa lumière se trouble et devient fumeuse. Quand le génie jouit de son œuvre après l'avoir faite, il ne fait plus œuvre de génie ; le génie c'est l'abnégation, c'est le sacrifice, c'est l'obéissance à l'idée jusqu'à la mort, jusqu'à la mort de la croix. *Factus est obediens usque ad mortem, mortem autem crucis.* Tout homme qui conçoit pour le progrès de l'esprit, pour l'accroissement de la bonté ou de la valeur humaine un vaste dessein et qui n'est pas disposé à aller jusque-là n'est pas digne du dépôt qui lui est confié. Il se peut qu'à la claire vue de ce que son privilège intérieur exige de lui il entre en souffrance et en agonie, qu'il demande au calice de s'éloigner, mais, si vraiment le caractère est chez lui à la hauteur de la conception, s'il est vraiment homme, il doit dire comme l'Homme : Et cependant, ô Père, que ta volonté se fasse et non pas la mienne ! *Fiat !* Que la loi qui m'est imposée devienne ma loi, que leur croix soit ma croix et que, par le sacrifice, jusque dans la mort, mon obéissance volontaire proclame mon autonomie morale. On n'est homme qu'à ce prix.

III

Mais si les forces de l'esprit sont illimitées, les forces du corps sont fragiles. Les muscles fléchissent, la respiration s'essouffle, la circulation se trouble, le fardeau écrase et les genoux plient. — Jésus tombe sur le chemin. — Et quel est donc celui dont la chair ne connut point la défaillance ? Comment ne pas se laisser envahir par le sentiment de sa misère ? Comment devant les obstacles qui se dressent incessants la fatigue n'accablerait-elle pas ? Et les tristesses du cœur, les abandons lâches des amis, la haine des ennemis, l'indifférence des autres, comment tout cela ne désolerait-il pas l'esprit et ne troublerait-il pas dans le corps le cours régulier du sang ? Dans cette lutte de la vie contre la mort ou, si l'on veut, d'une vie supérieure contre une vie inférieure, mais dont la première est à la fois moins sensible et plus intime et dont la seconde paraît par l'illusion des sens attachée à l'être même, comment l'homme divisé contre lui-même, fatigué de travailler à se tuer, ne chancellerait-il pas ? L'homme tombe, Jésus tombe ; l'homme défaille et Jésus aussi défaille.

IV

Mais voilà qu'au détour de la route, au moment où il se redresse, une apparition se lève, à la fois éclairant

son visage d'une joie et le contractant d'une douleur.
C'est Marie qui vient voir son Fils. C'est la Mère qui
regarde l'Homme. Et c'est aussi la Vierge qui con-
temple l'Elu et l'Aimé, le Désiré, le Voulu. Marie jadis
prononça un *Fiat !* Par ce *fiat* elle acceptait non pas
tant l'époux qui demeurait obstinément mystérieux
que le fils qui lui était annoncé. Les autres vierges
attendent et désirent non pas tel fils, mais un fils.
Elles connaissent l'époux, ne connaissent pas le fils.
Marie ignorait l'époux et savait qui était et quel devait
être son Fils. C'était bien le Désiré et l'Attendu. Devant
ce Fils donc toute son âme de femme chantait : Mère
et Vierge, elle éprouvait devant lui le double tressail-
lement. Et Lui, par le mystère de sa nature, éprouvait
devant elle la double tendresse. Mystère ! Mystère !
Vérité ! Vérité ! Et vérité parce que mystère ! La
raison est impuissante à analyser ces choses, mais le
cœur les sent et alors même que la foi ne les ensei-
gnerait pas, on pourrait par le cœur sentir la vérité de
ces synthèses profondes ou l'entre-croisement des lignes
s'achève dans l'infini. Les monstruosités de la passion,
les aberrations de l'amour humain ont leur source dans
des aspirations de l'âme qui voudrait trouver en un
seul être toutes les choses qu'il aime. Misères d'un roi
dépossédé. Crimes de celui qui veut sortir de sa condition. Mais marques aussi d'une condition meilleure,
vestiges d'une antique grandeur.

Il n'est pas bon que l'homme soit seul. Il a besoin
du sourire dans la paix, de l'encouragement dans le
labeur, de la commisération dans la souffrance. Sa
mère ne donne pas seulement à ses yeux la lumière et
la chaleur du soleil, elle donne à son cœur la lumière
de son sourire, la chaleur de sa caresse. Elle ne le
nourrit pas seulement de lait, elle abreuve d'amour son
âme. Quand tous abandonnent, la mère n'abandonne
pas. Elle s'efface aux heures du triomphe, mais elle se
montre sur le chemin des douleurs. Un glaive perce
son âme et son angoisse s'accroît des angoisses de son
fils. Elle le pénètre et le comprend. Elle partage tendre-

ment sa peine, et cette peine, à la fois, se double
s'allège. Car s'il souffre de voir souffrir sa mère, je
sais quelle joie s'épanouit ensemble, naissant de cet
souffrance partagée. Même de la vierge ou de l'épous
ce que demande l'homme qui souffre, c'est la compa
sion maternelle. Toute femme qui soutient un homm
de son sourire et de sa pitié fait un office de mèr
L'horreur de la condition de l'homme de génie sera
trop grande s'il n'avait pour l'aimer et le souten
l'assentiment de cœurs féminins. Tous les grands hom
mes ont eu auprès d'eux quelque maternité d'âme
Jérôme, Paule ; Augustin, Monique ; François d'As
sise, Claire ; François de Sales, Chantal ; Lacordaire
Schwetchine.

V

Et, cependant, quelques aides viennent de l'extérieur au malheureux harassé. Simon de Cyrène s'a-
vance, et fût-ce de gré, fût-ce de force ? prend sur ses
épaules une partie du poids de la croix. Sans cela,
l'Homme ne fût pas arrivé au but. Il serait mort de fatigue et eût ainsi évité le supplice définitif. Le drame serait
resté suspendu et inachevé, l'œuvre interrompue et sans
dénouement. Il fallait que la fin fût une consommation
et non pas un bout. C'est pourquoi il fallait une aide.
— Car un homme isolé ne peut rien faire, quelle que
soit sa force et quel que soit son génie. L'homme est
un être social. Soit par naturelle sympathie, soit par
la coercition sociale, il faut que les hommes s'entr'aident
pour qu'ils puissent produire une œuvre quelconque.
L'homme de génie conspué dans son milieu social,
condamné à la mort, trouve néanmoins dans ce milieu
de quoi faire son œuvre, de quoi atteindre sa fin. La
société a beau le repousser, elle lui fournit les moyens
sans lesquels il ne pourrait remplir sa tâche, s'acquit-
ter de sa fonction. C'est la loi civique des Romains
qui permit un temps la prédication de saint Paul, ce
sont les lois des collèges funéraires qui permirent la

prédication des catacombes, ce sont les lois protectrices
des ordres religieux qui permirent à François d'Assise
de porter par son Tiers-Ordre de rudes coups au régime
féodal. La logeuse luthérienne, qui portait à Spinoza
sa mesure de lait quotidienne, collabora, sans s'en douter, à la rédaction de l'*Etique*. Sans le savoir ou en le
sachant, le voulant ou ne le voulant pas, nous sommes
tous les Cyrénéens les uns des autres, nous aidons les
autres et ils nous aident, nous constituons une immense
coopération. Seulement, nous y faisons trop peu atten-
tion, nous n'avons pas assez de connaissance de ce que
nous faisons pour les autres et n'y mettons, par conséquent, pas assez de bon vouloir, et nous n'avons pas
vis-à-vis des autres assez de reconnaissance. On a
souvent (toujours) besoin d'un plus petit que soi. Sans
les humbles carriers qui tirent le marbre et l'apportent
au sculpteur, quel est le sculpteur qui aurait pu mani-
fester son génie ? Et sans les modestes calculateurs
qui lui ont allégé la tâche, Le Verrier aurait-il décou-
vert, au bout de sa plume, toutes les planètes dont il a
déterminé la position.

VI

Simon de Cyrène apporte à Jésus l'aide de sa force
d'homme ; Véronique lui apporte le secours de sa pitié
féminine. Elle essuie son visage couvert de sueur,
souillé de poussière, rougi de soufflets, déshonoré de
crachats. Véronique, ce n'est ni la Mère, ni l'Epouse,
ni la Sœur ; pas plus que Simon elle n'appartient
à la famille du condamné. Elle est l'anonyme pitié
des femmes, celle qui, alors même que les liens du
sang ne l'y forcent ni ne l'y poussent, panse les
plaies et embaume les blessures. Et cela exprime
bien que si le rôle des hommes est de mettre en
commun leurs forces d'action, celui des femmes est de
mettre en commun leur puissance de guérir. Elles
sont nées guérisseuses, apaisantes et consolatrices.
Leur main est légère et douce, et le pansement s'épa-

nouit en caresse. Elles ont le courage d'aller au ma
heur parce qu'il est le malheur. C'est pourquoi on l
respecte et les gardes leur laissent accomplir le
œuvre. Elles ne prennent pas parti pour celui qu'ell
secourent, elles prennent parti contre le mal dont
souffre. Aussi sont-elles sacrées. Les sœurs de charit
les Véroniques modernes, sont universellement respe
tées, sauf par quelques fous furieux. Parce qu'étant l
ennemies du mal, elles sont les amies de l'humani
que le mal guette tout entière. C'est ainsi que l'assi
tance sociale dont le génie souffrant a besoin, com
mencée par l'aide physique de l'homme, se termine pa
la compassion de la femme. Sur la route douloureus
que son génie lui impose, l'inventeur ou le penseu
trouve l'amour de sa mère, la collaboration des homme
et les soins apitoyés des femmes.

VII

Tous ces secours ne l'empêchent pas de défaillir un
fois de plus. Jésus tombe pour la seconde fois. L'affaiblissement augmente à mesure que l'effort se prolonge
La fibre musculaire perd de son élasticité, le cerveau
devient exsangue. Malgré l'aide de Simon, la croix
pèse aussi lourdement sur les membres lassés. La
chute est plus lourde, le relèvement plus lent. En tou-
chant de nouveau la terre, l'Homme a senti l'attrait de
la mort, de la couche définitive, de l'accomplissement
final. Et quand il se relève, toutes les luttes intérieures
sont terminées, l'agonie de l'âme est finie si celle du
corps commence. C'est le calme, le rayonnement, la
possession entière de soi dans le sacrifice de l'individu
à l'idée, de l'homme à l'œuvre, la paix, l'ineffable
paix.

VIII

Aussi, quand Jésus voit sur sa route des femmes qui
pleurent, il les console et leur dit de ne point pleurer

sur lui mais sur elles et sur leurs enfants. « Car si l'on traite ainsi le bois vert, qu'adviendra-t-il du bois mort ? » La misère de son état ne le touche plus, ce n'est plus sa souffrance qu'il ressent ; des hauteurs divines de sa pensée, il voit l'universelle souffrance et en découvrant la cause dans l'injustice des hommes il veut de même que ceux qui pleurent sa propre douleur s'élèvent à l'idée de l'universelle douleur née de l'injustice. La sympathie qui l'anime ne va pas à un mal particulier, elle va au mal ; elle ne s'arrête pas à la douleur, elle va à sa source, l'erreur intellectuelle et le mal moral. C'est déjà la préface de la parole : « Mon Père, pardonnez-leur, car ils ne savent ce qu'ils font. » Il est l'arbre vert qui pouvait donner encore des pousses vivaces, des fruits abondants, et, cependant, on veut le retrancher de la terre des vivants. S'ils agissent ainsi envers l'arbre vert, que ne feront-ils pas des arbres morts déjà séchés ?

Telle est bien la réflexion que doit faire quiconque s'élève au-dessus des accidents de sa condition pour considérer les lois de la condition humaine, quiconque donc ne restreint pas sa conception à la sensation individuelle, quiconque élargit son esprit jusqu'à lui faire concevoir l'état universel et élève ainsi sa conception à la dignité de véritable pensée. Détaché de son moi transitoire et mesquin, attaché à son œuvre ou à son idée, le génie en arrive à regarder sa propre douleur comme un accident et à ne s'attendrir que sur l'universalité de la souffrance. *Misereor super turbam.* J'ai pitié de la multitude des souffrants, et si j'ai pitié de moi-même, c'est parce que je me considère comme l'un d'eux. Et de même la pitié des autres ne m'est pas due à moi seul, elle est due à toutes les misères ; il ne faut pas pleurer seulement sur les souffrances présentes, mais aussi bien sur les souffrances futures, sur celles des fils et des petits-fils, c'est sur la misère même qu'il faut pleurer. Et de cette universelle sympathie pour toute souffrance, pour toute misère, de cette miséricorde naîtra une sorte d'allègement et de rayonnement

intérieur. La douleur même deviendra la joie, et dar
la misère la grandeur se découvrira. Car « c'est êtr
misérable que de le sentir, mais c'est être grand qu
de savoir qu'on est misérable. »

IX

Cependant toute la sérénité de l'âme n'empêche pa
l'affaiblissement physique. Les forces du corps s'épui
sent et trahissent le courage. Une troisième fois, Jésu
tombe, et, cette fois, tout son corps s'abîme et s'aplati
sous la croix. Tout ce qu'il y a de charnel, d'égoïste e
de physique n'a plus aucune vigueur. Seule, la pensé
surnage et brille, claire, sur l'effondrement du corps
Vision sereine de l'œuvre, accomplissement de l'idée
Pour elles, pour ces réalités immortelles, dont la plac
fut de toute éternité marquée dans le bon ordre de
êtres, il faut tout quitter, tout abandonner de ce qu
est périssable.

X

Aussi dépouille-t-on Jésus de ses vêtements. Tout ce
que les hommes lui avaient donné, le manteau de pour-
pre jeté en dérision sur ses épaules par les soldats et
cette robe sans couture que sa mère avait tissée de
ses mains, ce qui lui venait de l'adoration et de l'amour
comme ce qui lui venait de la dérision et de la haine,
on le lui enlève, on le lui arrache. Il est nu comme au
sortir du sein maternel. Il n'a plus à lui que ce que Dieu
lui a donné. Tout ce qui vient de la société, ce qui aide,
aussi bien que ce qui nuit, finit ainsi par ne plus comp-
ter pour l'âme absorbée en son œuvre, qui a immolé
sa personne à son idée. Qui n'est pas arrivé à cette
nudité de l'âme n'a pas atteint les sommets du détache-

...mont et qui n'est pas arrivé à ces sommets est encore bien loin d'atteindre le but qu'il s'est proposé. Car ce but est l'Œuvre et aucune considération extérieure ne doit en détourner l'Homme. « Femme, qu'y a-t-il entre toi et moi ? — Ne savez-vous pas qu'il faut que je m'occupe des choses qui me viennent de mon Père ? » Et la famille ainsi est remise à son rang subordonné de moyen pour la fin suprême. De même pour tout le reste. Une seule chose est fin : sauver son âme, réaliser en soi la pensée du Père, et donc réaliser l'Œuvre. Tout le reste n'est que moyen et à ce titre est bon, doit être traité comme fin secondaire mais aussi peut très bien devenir un embarras. *Impedimenta*, disaient les stoïciens. Et quant à ce que peuvent dire ou penser les hommes, aux opinions, au qu'en-dira-t-on, ce n'est rien ou moins que rien. Sans doute il est interdit de scandaliser les faibles, mais il n'y a scandale que lorsque vraiment on fait mal. Or, faire sa tâche, remplir sa fonction, réaliser l'Œuvre, c'est le bien et donc ce n'est pas le mal. A ceux qui se scandalisent, on est bien en droit de dire comme le maître de la parabole : Pourquoi ton œil est-il mauvais parce que je suis bon ? Voilà donc en face de l'Œuvre l'Homme dénudé de tout ce qui était à lui, mais n'était pas lui. Il faut qu'il aille plus loin encore.

XI

Cette croix qu'il portait, Jésus maintenant y est attaché par des clous. Ses pieds saignent, ses mains saignent. Tout son corps est endolori, mais il a à ses quatre membres quatre plaies sanglantes. C'est que si le corps tout entier peine pour que l'Œuvre se puisse réaliser, ce sont spécialement les mains et les pieds qui contribuent directement au labeur ; les pieds pour transporter le corps partout où sa présence est néces-

saire, les mains pour faire la tâche. Et la tête couro
née d'épines exprime bien que le siège de la pens
mère de l'Œuvre est aussi le siège d'une souffranc
Le travail est une peine. L'homme, ainsi que la femm
enfante dans la douleur. S'il y a, comme il y a, des joi
dans le travail, ces joies sont déjà une récompense
comme un fruit d'autres travaux douloureux. C'e
ainsi que s'usent plus spécialement les organes du tr
vail : la fonction use l'organe, la tâche à faire dépen
les forces et produit des plaies, les pieds saignent su
la route, les mains saignent sur l'outil, le sang du ce
veau s'épuise à penser. Chacun de nous est dépassé p
l'immensité de sa tâche et nul ne l'est plus que l'homm
qui la connaît. Plus on s'élève dans les sphères de l
pensée et mieux on sait qu'il faudra s'user à réalise
sa pensée. Les plaies saignantes sont prévues, celle
qu'on se fera à soi-même dans l'excès de son ardeu
celles que feront les autres. A cette hauteur d'esprit o
voit clairement que ceux qui vous blessent, que ceu
qui vous crucifient et vous font saigner le font parc
qu'ils ne comprennent rien à ce que vous voulez faire
On n'a plus pour eux que pitié, tendresse, miséricorde
pardon, et on s'unit alors à la parole de l'Homme
« Pardonnez-leur, ils ne savent ce qu'ils font. »

XII

Cependant le dénouement ne peut être loin. De
souffrances horribles tenaillent les nerfs tiraillés par le
poids du corps ; l'ardeur du soleil, les fatigues de la
route ont épuisé les forces et par-dessus tout les
combats de l'âme ; une si intense torture physique se
fait sentir que Jésus gémit sur l'abandon où son Père
l'a laissé, puis une soif ardente le tourmente, il crie :
J'ai soif ! Il reconnaît et proclame la consommation de

son sacrifice et remet son âme entre les mains de son
Père. Jésus accepte la mort et il meurt. En tout ce qui
est de son humanité mortelle, son œuvre est faite.

Et c'est aux mêmes conditions que toute œuvre se
fera. Il ne faut pas seulement quitter tout ce qui vient de
l'extérieur, il faut se quitter tout entier soi-même,
mourir pour renaître, et tuer l'homme de chair, l'individu asservi à ses mille concupiscences diverses pour
que puisse vivre l'homme nouveau, celui qui vivra non
pour lui, mais pour sa tâche et pour sa fonction, qui,
par conséquent, vivra pour le triomphe de la loi.
Sacrifier l'homme à l'œuvre et sauver ainsi l'Homme.
Etre soi non plus par les différences accidentelles qui
nous séparent des autres, mais par le rôle qui nous est
fixé dans l'ensemble et qui conspire harmonieusement
avec tous les autres. Cette immolation de l'accident n'est
pas la mort de l'individualité, c'est au contraire le seul
moyen de la faire vivre. Car l'univers forme un concert
et on n'y peut vivre vraiment si on y produit de la dis-
cordance, il faut donc faire sa partie pour y pouvoir
être toléré. Telle est la loi de la renaissance et de la
vie. Il faut passer par la mort. Route du génie, route
de la vie, route de l'homme, route vers Dieu.

XIII

Le sacrifice est maintenant consommé puisque Jésus
est mort. Cependant tout n'est pas fini. L'onde de douleur n'a pas achevé sa course. Le cadavre est descendu
de la croix et remis à sa mère. La tradition veut qu'elle
l'ait tenu quelque temps étendu sur ses genoux. Comme
elle avait contribué à la naissance, elle devait aussi
prendre sa part de la mort. Elle demeurait veuve de
son fils et elle avait accepté sa viduité. En la personne

de Jean l'humanité avait remplacé Jésus. Elle étai
devenue la mère des hommes après avoir été la mère d
l'Homme. Et, courageuse; acceptant l'échange, ell
pleurait sur Celui qui fut. Peut-être aussi éclairée d'er
haut, voyant plus loin que les autres, en présence d
ce cadavre qui ne souffrait plus, n'eut-elle des larme:
que pour l'aveuglement et la malice de ses nouveaux
fils, les hommes, et pour l'arrachement de cœur qu
lui causait, malgré sa volonté ferme, la substitution.
Elle pleurait néanmoins et avec une telle angoisse e
avec une telle abondance qu'elle est apparue dans cette
attitude comme la Mère des douleurs, comme la statue
vivante de la Misère et de la Pitié.

C'est qu'aussi bien pour que l'Œuvre triomphe il
faut que tout ce qui en l'Homme n'appartient pas à
son œuvre et à sa fonction et disparaisse et s'éteigne.
Tout ce qui lui était attaché doit se détacher. A l'individu il faut substituer la fonction, à l'être particulier
l'universalité des êtres. L'Homme qui fait sa tâche
transmet à ceux pour qui il travaille l'amour que les
siens lui vouaient ; de même que sa famille a collaboré
à son œuvre en le faisant naître, il faut que cette
famille collabore encore en prenant sa part de son
renoncement. Il ne faut pas qu'elle s'absorbe en ses
regrets, en ses souvenirs, il faut qu'elle ait soin de la
mémoire de celui qui fut, qu'elle veuille sa volonté,
poursuive son labeur, travaille à son Œuvre. La mort
que l'Homme a acceptée pour tout ce qui en lui n'est
pas sa fonction, la Mère doit aussi la vouloir ; l'onde
de conversion, de rétablissement, de mort volontaire,
d'arrachements douloureux doit s'étendre de proche en
proche et ou bien être contrariée, déformée et renver-
sée ou tout réformer. De l'Homme s'épand à travers le
monde une onde d'Humanité. Le flot du bien tend à
s'épandre. C'est à la Mère de l'homme de veiller à ce
que la force de son fils ne soit point perdue, à ce que
son Œuvre ne périsse point. Comme il a souffert, elle
doit souffrir et laisser mourir en elle une part de maternité comme lui-même a voulu mourir.

XIV

Jésus mort est enseveli et couché dans un sépulcre. Les suaires aromatisés l'entourent et la pierre énorme du tombeau le sépare du ciel des vivants. On scelle même la pierre de sceaux authentiques et publics. Tout cela était nécessaire pour que le triomphe de Pâques fût éclatant. Et il faut de même que tout périsse, même le souvenir des particularités de la vie, pour que l'Œuvre de l'Homme donne tous ses fruits. Que savons-nous de celui qui inventa la roue, de celui qui eut le premier l'idée de l'alphabet ? Et que sont auprès de ces géants nos inventeurs de machine à vapeur et de télégraphe ? Car de la roue à la machine à vapeur il n'y a qu'un petit espace, tandis que de la simple traction à la roue, il y a tout un monde. Qui a inventé le pain ? Et qui, le premier, a su labourer ? Est-ce Triptolème ? Et Triptolème et Cadmus, qu'est-ce autre chose que des noms, des sons vides, des syllabes sous lesquelles il n'y a vraiment rien ? Au tombeau les inventeurs, au tombeau les génies, on ne doit les connaître que par leurs œuvres. Ce sont elles qui les suivent — *Opera illorum sequantur illos.* Nous ne savons pas même si Triptolème a existé et qu'est-ce que dans dix mille ans on saura de Napoléon ou de Dante ? De Jésus même nous ne savons rien qui nous révèle l'homme singulier, tout en lui est non pas tel homme, mais l'Homme. C'est pour cela que son histoire est unique. On y sent l'accent concret et cependant toute la saveur profonde de l'universel. Lui seul est sorti vivant d'entre tous les morts. C'est qu'il fut vraiment le Fils de l'Homme et qu'en sa vie a vécu tout le drame de l'Humanité, de la grande et de la petite, de la royale et de la vulgaire.

*
* *

Il semble que jusqu'ici le chemin de la croix nous soit apparu surtout comme la voie royale des inventeurs

et des hommes de génie, en sorte que la masse d
hommes pourrait croire que la loi des étapes du chem
de la douleur ne régit que les plus hauts exemplair
de l'humanité, que les autres y échappent. Mais il fa
dire, au contraire, que le chemin de la croix est
chemin de tout homme qui vient en ce monde, que
loi de succession de ces étapes est la loi de progrès po
tout homme qui veut marcher vers la vie.

C'est ce qu'on pourrait aisément montrer à prop
de tout enfant, en s'aidant de ce que nous venons
dire. Car cet enfant parce qu'il est cet enfant n'est pe
un enfant quelconque, mais tel enfant ; il a donc un
personnalité constituée, il est lui et non un autre, il
donc un moi, comme disent les philosophes. S'il ve
vivre véritablement, il doit être lui. Mais en lui-mêm
et dans l'unité de son être individuel il y a deux sort
de tendances : celles qui, selon saint Paul, constituer
l'hommeanimal, qui le poussentà chercher en égoïste se
satisfactions, à se considérer comme un centre et à fai
tourner le monde autour de soi ; et celles qui, selon
même saint Paul, constituent l'homme spirituel qu
conçoit, au contraire, une Loi universelle comme centr
autour duquel il doit et se ranger à sa place et tour
ner.

> Dieu, quelle guerre cruelle !
> Je sens deux hommes en moi.

Et de ces deux hommes, par je ne sais quelle malic
secrète de notre nature, le premier est le plus intime e
le plus chéri. C'est lui qui se manifeste dans l'incon
scient égoïsme de l'enfant, c'est lui qui, si on lui laiss
le champ libre, sans le contraindre et le mortifier, v
s'épanouir en vices. Si donc l'on veut être vraimen
soi-même, il faut tuer ce premier homme qui, cependan
paraît d'abord être le vrai moi. Dès sa naissance, en tou
homme il y a un condamné à mort.

Un philosophe américain nous a montré dans un
psychologie un peu subtile et obscure, mais bien solide

que nous sommes obligés de résoudre une alternative :
il nous faut nous décider à être des hommes si nous ne
voulons pas nous résigner à être des bêtes. L'animalité
et l'humanité, les sens et la raison se disputent notre
vie. En tout homme qui veut vivre en homme, la bête
doit être tuée. Et cette première résolution, en même
temps qu'elle est libératrice, est profondément douloureuse. Elle s'accomplit au milieu des insultes, de la
haine de la foule, devant le sourire des sceptiques.
Cependant celui qui veut vivre se met en marche, il
sent combien la croix pèse, quel fardeau il a assumé,
mais il veut remplir sa fonction pour être lui-même,
obéir à la Loi pour être dominateur. Il abandonne tout
le reste pour ne pas se perdre. Il veut être soi en même
temps qu'obéir, l'un avec l'autre, l'un par l'autre. Et
c'est ainsi que s'accorde profondément ce que l'individu
se doit à lui-même et ce qu'il doit aux autres hommes
et à Dieu. Car il n'existe qu'en vue de la fonction qu'il
a à remplir dans l'ensemble de l'univers, en particulier
dans l'histoire humaine, et par conséquent, en remplis-
sant sa fonction, il s'acquitte de toutes ses obligations
sociales ; il ne peut agir comme isolé, puisqu'il n'a pas
été créé solitaire, mais solidaire, et en même temps il
est lui autant qu'il peut l'être, puisqu'il développe sa
propre et personnelle existence selon les lois mêmes qui
ont présidé à son existence. Voilà comment on se sauve
en se perdant, comment l'individu vaut en lui-même
dans l'ensemble et par l'ensemble, parce qu'il ne serait
pas en lui-même, si l'ensemble dont il fait partie
n'existait pas. Et ainsi s'il voulait sacrifier l'ensemble à
lui, il se perdrait véritablement en prétendant se sauver.

La vue nette des choses sous la forme simple d'un
devoir à faire, d'une fonction pénible à remplir est
accessible en gros à la communauté des hommes. La
plus humble des femmes du peuple peut entrer dans
ces sentiments. Tout homme connaît la lutte contre
lui-même. Tout homme peut pressentir la crise de la
conversion ou de condamnation à mort de l'homme
charnel qui commence le chemin de croix.

Les étapes successives comprennent ensuite, entre mêlées de défaillances, la rencontre de la Mère, l'aide sociale apportée par l'étranger, par l'homme d'abord, par la femme ensuite, puis la consolation adressée aux autres et enfin la consommation du sacrifice avec ces quatre étapes diverses : le dépouillement, la crucifixion, la descente de croix, la mise au tombeau. Regardez et vous verrez que c'est la vie même, tout le déroulement de la vie morale. Aucun homme n'a pu vivre sans une parole, sans un sourire, sans une tendresse de femme qui a éveillé son cœur ou réchauffé son berceau. C'est par la mère que la vertu s'insinue en l'âme sous la forme de la bonté et de la beauté. La raison, grâce à la femme, se fait sentiment. Et sans le sentiment il n'y a pas d'action. Il ne suffit pas de connaître la vertu, il faut l'aimer. C'est la mère qui rend la vertu aimable et donne l'impulsion nécessaire à la volonté. Femmes mères, créatrices de vertu dans l'homme. Marie amabilité du bien.

Et dans son œuvre l'homme n'est pas seul, il reçoit des autres de l'aide alors même qu'ils ne voudraient pas lui en donner : les uns l'aident par contrainte comme Simon de Cyrène ; les autres l'aident par sympathie et par bonne volonté, comme Véronique, mais il a besoin d'une aide extérieure pour accomplir toute sa fonction, il a besoin des autres pour être soi. Toujours la sociabilité humaine. Nous ne faisons rien du tout seuls, pas même notre œuvre intérieure. C'est ce qu'exprime avec profondeur la maxime-mère du catholicisme : Hors de l'Eglise, point de salut. Aussi ne pouvons-nous rien nous réserver. Il y en a peut-être qui penseraient échapper à l'individualisme en socialisant leur parole, les affirmations extérieures, en réservant l'intimité de leur pensée. Ils gardent une pensée de derrière la tête et au demeurant, parce qu'ils parlent comme tout le monde, ils croient avoir accompli leur devoir social. Ils sont même des premiers à prêcher l'accomplissement de ce devoir. Quelle erreur à la fois subtile et grossière ! C'est le moi tout entier qui pour être vraiment soi doit être socialisé, la pensée la plus intime aussi bien que la parole. Si l'on réserve un coin de la pensée dogmatique, si petit qu'il soit, le jour où la société voudra pénétrer en ce sanctuaire réservé, on sentira l'esprit de révolte et le ferment qui pousse aux résolutions individualistes, aux déchirures, aux séparations et aux hérésies.

C'est par le dépouillement aussi complet que possible de l'individu que l'individu se retrouve. Car, par le fait seul qu'il existe comme individu, il y a en lui quelque chose qu'on ne peut détruire et qui donc résiste à toutes nos tentatives. C'est ce fond indestructible d'individualité en chacun de nous qui constitue notre originalité, notre génie propre. Chacun a le sien. Aucun n'est identique. Et comme chacun a son rôle, en cela tous ont un devoir égal, un droit égal, et tous sont égaux. Mais ce qui nous est propre n'est pas ce que nous nous réservons, c'est ce qui est impossible à dire, impossible même à nous réserver. Et c'est quand nous avons épuisé contre nous-mêmes toutes nos forces que notre originalité se découvre, que notre génie se déploie plus vif. Malheur à celui qui se réserve et s'isole. *Væ soli !*

C'est cet absolu dépouillement que symbolisent le dépouillement et la crucifixion, de même que la descente de croix et la mise au tombeau nous retracent la solidarité des autres hommes avec nous. Par le fait seul que notre fonction a été remplie, ils en ont aussi, eux, une autre à remplir, solidaire avec la nôtre. Notre vertu leur a fait des devoirs et les pousse à des vertus plus hautes, tout comme nos chutes les entraîneraient à des défaillances ou les obligeraient à des sacrifices. Et enfin la disparition du moi, son ensevelissement dans l'anonymat collectif, son retour à la terre, sa rentrée dans le sein de Dieu constitue la dernière étape. Notre fonction n'est remplie que si elle est accomplie et elle n'est accomplie que lorsque les effets de la fonction seuls subsistent ; le fonctionnaire n'est rien, la fonction est tout. La fin ne se réalise que par l'anéantissement complet du moyen. Mais comme ici le moyen

était un individu, en disparaissant de l'ordre matéri[el]
des êtres-visibles, il s'est par là même dans la cité d[es]
esprits sacré immortel. L'espérance est sûre et la résu[r]
rection rétablira l'ordre.

Tels sont les enseignements, tel est le sybolisme dr[a]
matique et d'autant plus impressionnant que l'Eglis[e]
catholique propose à la foule des croyants. Dans l[e]
chemin mortel de Jésus, tous peuvent lire leur histoi[re]
et découvrir leur modèle, les plus grands penseu[rs]
comme les plus humbles par l'intelligence. L[es]
petits comprennent l'amour, la générosité, la sou[f]
france, le sacrifice. Après avoir suivi à genoux la voi[e]
douloureuse, tous se relèvent plus forts. La merveil[le]
du catholicisme est de permettre à la foule de prend[re]
immédiatement contact avec des enseignement si haut[s]
Dès qu'elle a pleuré, elle a compris.

A ceux mêmes qui ne voient pas en Jésus le Maît[re]
et le Dieu, on a simplement voulu montrer ici qu'[il]
était le type, que son histoire est l'histoire humaine[.]
Et on voudrait espérer qu'après avoir contemplé l[es]
douleurs historiques du fils de l'Homme, abrégé des lo[is]
de toute vie morale, de toute vie d'homme qui cherch[e]
à faire son œuvre d'homme ou même simplement [à]
faire une Œuvre, après avoir vu que vraiment c[et]
homme fut l'Homme, quelque âme chercheuse, e[n]
quête de vrai, quelque âme fraternelle et inconn[ue]
sentira et avouera que, s'il fut l'Homme, c'est qu'[il]
était Dieu.

Et elle sera alors à même de comprendre l'humb[le]
femme qui récite ses patenôtres, peut-être de les récit[er]
aussi et de sentir la grâce des paroles agir comme u[n]
baume sur les puissances intimes. Pénétrant dans u[n]
nouveau monde elle verra s'ouvrir l'accès des cieu[x]
supérieurs où se rencontrent et vivent les âmes chré[-]
tiennes. Par la perfection de la voie de l'Homm[e]
elle sera arrivée au seuil de la Cité sainte.

LE « PATER »

Dans le fond de l'église, près d'un pilier, devant la chapelle de la Vierge de Compassion dont les feux des cierges étoilent l'obscurité, une vieille femme égrène son chapelet. Elle paraît somnoler parfois, les grains s'arrêtent dans sa main ridée ; d'autres fois, le chapelet se déroule si rapidement qu'on se demande si les lèvres ont eu le temps de prononcer les formules, cependant qu'une sorte de murmure, quelque chose de sifflant et de très léger se fait entendre, semblable au pépiement d'un jeune poussin. La vieille femme récite ses patenôtres, et si près d'elle venait à passer quelque philosophe kantien ou même quelque protestant, ils auraient, sans doute, un doux geste de pitié. Vis-à-vis du catholicisme cette pitié se tournerait en sarcasme. « Cette pauvre vieille n'est qu'une mécanique à paroles, elle croit prier et cependant ne récite que des mots, la véritable prière n'a pas besoin de tant de verbiages, les sentiments, les pensées qui la constituent se renouvellent sans cesse, elle doit être faite en esprit, suivre les libres mouvements de l'âme et ne point s'emprisonner dans la lettre des formules. C'est atrophier la piété et tuer la prière que d'enseigner aux pauvres à prier ainsi. Le catholicisme est vraiment mortel à toute la vie de l'âme, à la vie religieuse aussi bien qu'à la vie intellectuelle. Il ramène tout à un mécanisme, tout s'y passe en grimaces et en mots. »

Ainsi philosophent superbement les intellectuels de tout ordre devant le chapelet de la bonne vieille. Si cependant elle savait leurs pensées et si elle pouvait leur répondre, voici ce qu'elle dirait, traduisant l'intime de sa pensée : « Mes bons Messieurs, je me sentais lasse et chagrine. Je n'avais personne à qui dire ma peine et j'aurais été même bien empêchée de la dire, car je ne savais pas au juste en quoi cette peine consistait. Je me sentais plus seule, plus vieille, plus abandonnée qu'à l'ordinaire, plus loin de la jeunesse et de la vie. L'image de tous mes morts flottait dans ma tête. Alors, comme toutes les fois que je me sens triste — et c'est souvent à mon âge — je suis venue dans l'église, auprès de la bonne Vierge, réciter mon chapelet. Vous dites que je somnole et que je ne pense pas à ce que je dis. Pas toujours, je l'avoue bien, mais tout de même je sais que je pense à la Sainte Vierge et au bon Dieu, je sais bien qu'ils me voient triste et qu'ils ont pitié de moi, je les appelle mon père et ma mère, peut-être que je ne leur dis guère autre chose, mais il me semble que cela suffit pour qu'ils me comprennent. Quand mes enfants étaient petits, ils n'avaient besoin que de me dire : Maman, et je savais tout ce qu'ils voulaient. Le bon Dieu m'entend de même et aussi la bonne Vierge. Si je n'avais pas mon chapelet, si je ne récitais pas les *Pater* et les *Ave,* je ne saurais comment dire. Tous mes morts ont prononcé ces mots-là, en disant mon chapelet je me sens bien plus près d'eux. Et puis, si vieille que je paraisse, je comprends bien, quand j'y pense, les mots que je dis, j'appelle le bon Dieu mon Père, je dis bonjour à la Sainte Vierge, je lui demande de m'aider à bien mourir, comme je demande au bon Dieu le pain qu'il me faut pour vivre, je le prie qu'il me pardonne et qu'il m'évite le mal. Je comprends tout cela, mes bons Messieurs, quand j'y pense, et quand je n'y pense pas, le bon Dieu sait bien que je suis venu là pour lui, il ne

m'en veut pas si je m'arrête à penser à autre chose
ou même à dormir un peu ; il sait que je suis vieille,
que je n'ai pas grand esprit, mais cependant que je
l'aime bien. »

Ces paroles traduisent certainement l'état d'âme des
catholiques à la fois simples et pieux. Il me semble
qu'un tel état mérite d'être appelé religieux. Il n'est
pas vrai que les formules tuent la piété, que la lettre
nécessairement étouffe l'esprit, elle le soutient au contraire et lui suggère souvent des pensées et des sentiments que, laissé à lui seul, il serait peut-être incapable
d'éprouver. Et d'ailleurs Celui-là même qui avait dit :
« La lettre tue et l'esprit vivifie », Celui qui avait conseillé
de ne pas user de longues prières, est aussi Celui qui
a enseigné aux hommes la formule par excellence,
celle dont est issu ce mot *patenôtre*, le *Pater noster*.

Cette prière qu'à cause de cet enseignement tous
les chrétiens regardent comme particulièrement excel-
lente, puisqu'elle est la prière de leur Seigneur, l'*Orai-
son dominicale*, tous l'admirent, tous la récitent, et l'E-
glise catholique termine par elle le canon de la Messe,
après la consécration, préparant, par cette communion
de l'âme avec la paternité divine, l'union intégrale, la
communion eucharistique. Cette prière a cela d'admi-
rable qu'elle ne contient aucune considération abstraite,
toutes les expressions en sont et singulières et con-
crètes, par là, les plus simples intelligences, celles des
enfants et des illettrés peuvent les entendre. D'autre
part, les plus hautes intelligences y trouvent de quoi
alimenter et renouveler leur piété. Les perspectives du
sens des formules s'étendent et se prolongent jusqu'à
l'infini. C'est vraiment toute la substance de la vie religieuse qui s'y trouve renfermé. La simplicité, la
naïveté absolue des expressions fait parfois illusion sur
leur portée. Et si quelques-uns parmi les orants s'en
aperçoivent un peu plus que d'autres, ce n'est pas par une
sorte d'ésotérisme qui fait d'eux comme des privilégiés ;
il n'y a pas dans le christianisme de Jésus, le catholicisme n'a jamais admis une double religion : l'une

exotérique, pour le peuple ; l'autre ésotérique pour les gens instruits. Cette conception aristocratique de la religion qui parmi les protestants et les philosophes séduit tant d'intelligences (1), aurait fait horreur à Jésus, à ce Jésus qui mettait au premier rang des possesseurs du royaume et les humbles et les enfants. Ce que les uns peuvent apercevoir de plus que les autres n'est pas d'un autre ordre, c'est exactement la même pensée : seulement chez les uns elle est plus enveloppée et confuse, chez les autres elle est plus développée et paraît dans ses détails. Mais celui-là même qui voit plus de choses dans la formule ne vaut pas pour cela plus que celui qui en voit moins, chacun vaut dans la mesure non pas où il entend la formule, mais où il la vit, où la prière devient l'expression de sa vie intérieure. Ce ne sont probablement pas les philosophes et les théologiens qui occuperont en majorité les premières places dans le royaume; c'est le cortège immense des vierges, des simples et des petits, de tous ceux que Jésus aimait, ce sont ceux qui ont vécu le *Pater* et non pas ceux qui l'ont expliqué.

Il n'en reste pas moins que le *Pater* peut être commenté et expliqué. Il l'a été bien des fois depuis saint Cyprien jusqu'à saint Thomas d'Aquin et au *Catéchisme du Concile de Trente,* il peut l'être, il doit l'être encore. S'il est vrai, comme nous le disions tout à l'heure, qu'il enferme des perspectives infinies, chaque âme a le droit et peut-être le devoir de rendre témoignage à la vitalité de cette prière, de décrire les merveilles qui l'ont édifiée et enrichie ou du moins qui l'auraient pu faire, et d'en faire profiter les autres.

Voici donc ce qu'on pourrait dire. De ces choses, aucune évidemment n'est nouvelle. On en trouvera de bien plus profondes dans la *Somme* de saint Thomas, on en trouvera encore d'admirables, et d'autant plus

____

(1) C'est cette tendance aristocratique du protestantisme que M. Brunetière signalait en 1902, à Genève, dans sa conférence sur Calvin (*Discours de Combat,* 2ᵉ série in-12, PERRIN, 1903, p. 135), quand il disait : « Calvin a aristocratisé la religion » ; et que M. Georges Goyau avait aussi remarquée. (*Allemagne religieuse,* in-12, PERRIN, 1900, p. 180.)

fécondes et fortes qu'elles ont la garantie de l'Eglise, dans le *Catéchisme du Concile de Trente* où le *Pater* a été largement commenté et développé. Tout ce que l'on s'est proposé ici se borne à coordonner quelques sentiments et quelques pensées, et si cela se publie c'est parce que ayant été une fois parlé en présence de jeunes gens (1), ces jeunes gens mêmes et les éminents religieux qui les dirigent ont jugé que cela pouvait avoir quelque utilité.

*
* *

Le premier mot prononcé est celui de *Père* et par là nous sommes tout de suite situés en plein surnaturel. Les théologiens remarquent que la connaissance du Dieu unique, du Dieu créateur, est naturelle à la raison, mais que la raison humaine ne saurait par elle-même s'élever à la connaissance de la Trinité et de la Paternité divine. Il y a donc une religion naturelle où l'homme se sent raisonnablement obligé à certains devoirs vis-à-vis de son créateur ; Socrate, Aristote et Platon surtout semblent bien avoir entrevu une telle religion, mais ce qui est unique et ne se rencontre que dans le christianisme, c'est l'idée du Dieu père au sens d'affectueuse et bienveillante tendresse où le christianisme l'a enseignée. Le *Zeus* des Hellènes, le Jupiter des Romains est qualifié sans doute par les poètes du titre de Père des dieux et des hommes, mais cette idée n'enferme que l'idée de génération ou de production. Ce n'est pas par bonté, par grâce que Jupiter a produit les hommes ; en cela comme en tout, il a obéi aux lois éternelles de son être, au *Fatum* ou à la *Moïra*. Seul le Dieu des chrétiens mérite vraiment le nom de Père, car non seulement il donne l'être aux hommes par un acte de bonne volonté, mais, par une grâce nouvelle, il les appelle à son héritage, il les adopte comme s'ils étaient vraiment de même nature que lui, il veut qu'ils vivent de sa vie propre, il les appelle à la déification.

(1) A la Conférence Saint-Thomas, dirigée par les RR. PP. Maristes, rue de Vaugirard, en 1900.

Le mot *Père* contient tout cela : bonne volon
amour dans la production, appel des hommes à l'hé
tage céleste, adoption presque plus aimable encore q
ne serait une filiation naturelle, puisqu'elle est tou
gracieuse et ne s'explique que par l'amour. Comme
douter maintenant qu'une Providence attentive veil
sur nous ? Comment pourrions-nous manquer de co
rage ou de confiance, nous laisser aller à l'inquiétude
Les cheveux de notre tête sont comptés (1) : si Die
nourrit les passereaux (2), s'il habille le lis de
champs (3) dont il est le créateur mais non pas le Père
à plus forte raison, notre Père nous nourrira-t-il, nou
vêtira-t-il. Nous sommes des petits enfants, nous n
savons pas d'où viendra le dîner du soir, mais cepen
dant nous avons notre tâche à faire, faisons-la don
sans songer plus loin et fions-nous au Père qui saur
bien nous assurer la table servie. Il est Père, donc
est aimable, donc il est indulgent, il nous sait faibles
il sourit de nos faiblesses comme nous sourions de celle
de nos enfants.

> Une mère a moins de tendresse
> Pour l'enfant qu'elle a mis au jour ;
> Il s'apaise, il pardonne,
> Du cœur ingrat qui l'abandonne
> Il attend le retour (4).

Et dans notre foi, affirmée par le mot *Père*, voici donc
la charité qui s'allume et l'espérance qui vient. Les
Grecs avaient les trois Grâces ; les chrétiens ont les
trois vertus, et ces vertus aussi sont des grâces admirablement divines qui transforment l'âme humaine.
Mais nous ne disons pas : « Mon Père », nous
disons : *Notre Père, Pater noster,* Πατὴρ ἡμῶν. C'est
que Dieu n'est pas le Père d'un homme ou de quelques

(1) MATTH., x, 30.
(2) ID., x, 29-31.
(3) ID., vi, 29.
(4) RACINE, *Chœurs d'Esther.*

hommes privilégiés, il est le Père de tous. En lui, en sa souveraine paternité, tous les hommes sont frères. Et voilà la base solide de la fraternité humaine, de l'égalité foncière de tous les individus humains. « Vous êtes tous frères, car vous avez un seul Père qui est dans les cieux (1). » On nous permettra de traduire ici quelques lignes du *Catéchisme du Concile de Trente* (2). Voici d'abord un paragraphe ayant pour titre :

ÉGALE NOBLESSE DES CHRÉTIENS

Il n'y a donc pour tous qu'une seule noblesse d'origine spirituelle, qu'une dignité, qu'une seule splendeur originelle, puisque tous nous sommes nés fils de Dieu en vertu du même esprit, du même sacrement de foi, et que nous sommes cohéritiers du même Dieu. Les hommes riches et puissants n'ont pas pour Dieu un autre Christ que les pauvres et les faibles, ils ne sont pas initiés à d'autres sacrements, ils n'attendent pas un autre héritage royal. Nous sommes tous frères et, comme dit l'Apôtre aux Ephésiens, nous sommes les membres du corps du Christ formés de sa chair et de ses os (3).

Et le *Catéchisme* ajoute tout de suite après :

Ce sera ici pour les pasteurs des âmes le lieu convenable non moins pour raffermir et exciter les hommes pauvres et humbles que pour réprimer et rabaisser l'arrogance des riches et des puissants.

Par où l'on peut voir que l'Eglise n'avait pas attendu que la Révolution vînt l'exciter à parler aux hommes de leur égalité naturelle. C'est elle-même qui, dès le XVI⁰ siècle, y excite les prédicateurs et les catéchistes.

C'est pourquoi Léon XIII proclamait, en 1902, aux réceptions de Noël, que la démocratie avait ses racines

(1) Matth., xiii, 8.
(2) Ch. ix, 31, 33,
(3) v, 30.

dans l'Evangile (1). Si l'on trouvait sous la plume
certains de nos amis démocrates de telles exhortatio[n]
on les accuserait volontiers, sans doute, de travailler
la ruine des classes, au nivellement social, et les adm[i]
rateurs de l'*Etape* soutiendraient, avec M. P[aul]
Bourget, que c'est travailler au rebours des l[ois]
sociales que de vouloir « exciter », c'est-à-dire pouss[er]
à rehausser les pauvres et les humbles. Ce qui prou[ve]
tout simplement que les démocrates chrétiens sont da[ns]
la vraie tradition de l'Eglise et qu'ils ne doivent p[as]
avoir cure de ce qu'on peut leur dire d'ailleurs.

« Nous sommes tous frères », nous devons donc to[us]
nous aimer, nous estimer, nous secourir. A quoi te[n]
dent, de quoi servent toutes nos querelles de personne[s]
les seules qui nous aigrissent et nous poussent à [la]
lutte, car les querelles d'idées sont nobles, légitimes, [et]
peuvent, si nous le voulons, si nous savons y êt[re]
attentifs, se concilier avec la charité envers les pe[r]
sonnes ? A rien. Les hommes, en se querellant, [ne]
réussissent qu'à se faire souffrir mutuellement. Et [le]
triomphateur souffre presque toujours tout autant [de]
sa victoire que le vaincu de sa défaite. « Nous somm[es]
tous frères », aimons-nous donc les uns les autr[es]
respectons-nous mutuellement. Il y a dans saint Augu[s]
tin une très grande parole qu'on dit à l'église durant [la]
Semaine Sainte : « Prends garde de haïr un frère,
croyant détester un ennemi (2). » Nous nous ignoro[ns]
tellement les uns les autres, nous sommes si incap[a]
bles de pénétrer l'âme de ceux dont nous entendons l[es]
paroles, dont nous lisons les écrits, ou dont no[us]
voyons les actes ! Ils paraissent parler, agir cont[re]
nous, peut-être au fond pensent-ils comme nou[s]
mêmes, aiment-ils ce que nous aimons ? Séparés p[ar]
des mots, par des formules, par des équivoques inco[m]
préhensibles, nous ressemblons à des aveugles q[ui]

(1) Cf. *Quinzaine* du 1ᵉʳ février 1903, *Jalons sur la route*, p. 2[ ]
(2) « Plerumque, cum tibi videris odisse inimicum, fratrem odi[sti]
et nescis. » Le Jeudi Saint à *Matines*, vᵉ leçon.

luttent sans trop savoir pourquoi contre des gens
qu'ils ignorent. Quand se fait ce que nous appelons
mal, ce que nous croyons vraiment être mal, il faut
nous y opposer sans doute ; quand se dit ce que nous
croyons certainement être faux, il faut le combattre,
mais tout en combattant, garder l'amour pour ceux
qu'on combat. Cela est délicat, difficile pour la condition humaine où les cœurs vont toujours du côté des
poings, mais cela est possible, cela même est obliga-
toire. « Priez pour ceux qui vous persécutent. Aimez
vos ennemis (1). »

« Vous êtes tous frères » et par cela même égaux.
Non pas égalité, fraternité, mais fraternité, égalité.
L'égalité est une conséquence, non un principe, et la
fraternité ne dérive pas de l'égalité. De ce que nous
sommes égaux, il ne s'ensuit pas nécessairement que
nous devions être frères, nous pouvons aussi bien être
des rivaux ou des concurrents ; mais de ce que nous
sommes frères, il s'ensuit bien que nous devons être
égaux. Comme l'a si justement répété plus d'une
fois Léon XIII, mais jamais avec plus de force qu'à
la Noël de 1902 : « Entendu comme l'entend l'Eglise,
le concept démocratique non seulement s'accorde à
merveille avec les principes révélés et avec les croyan-
ces religieuses, mais encore il est né et s'est développé
par le christianisme ; et c'est la prédication évan-
gélique qui l'a répandu parmi les nations. Athènes et
Rome ne l'ont pas connu, sinon lorsqu'elles eurent
entendu la voix divine qui a dit aux hommes : « Vous
« êtes tous frères et votre Père commun est aux
« cieux (2). »

C'est ce qui sépare profondément la conception
chrétienne des conceptions antiques et, par exemple,
de la conception stoïcienne dont on a voulu très souvent la rapprocher. Cicéron, dans le *de Legibus* (3),

(1) Matth., v. 44.

(2) Cf. *Quinzaine, loc. cit.*

(3) i, 7.

Sénèque, en plus d'un passage, assignent à l'humanité
entière une origine commune, une certaine égalité par
rapport à la raison. Tous les hommes sont également
sortis de la matière universelle, tous sont à un titre égal
partie du tout, participent également à la raison et
par elle au principe divin qui est à la fois la qualité et
la raison universelle, mais les stoïciens n'ont jamais
pensé que tous les hommes fussent en réalité dignes du
même respect.

L'esclave pour eux ne cesse pas d'être une chose (1),
et les hommes libres même, s'ils ne sont pas des adeptes
de la doctrine, s'ils n'ont pas conquis la sagesse, du
moins s'ils n'y tendent pas de toute leur force, ne
méritent que mépris. Ce sont des pierres qui roulent,
des flots qui s'agitent, des feuilles poussées par le vent.
L'amour ne se donne et surtout n'est dû qu'aux êtres
libres, l'amour est une sorte d'action de grâces pour
un don que l'on a reçu ou que l'on espère, mais pour
donner véritablement, il faut être libre : le dieu des
stoïciens, force universelle, régie par des lois souve-
raines, n'a aucune liberté, tout vient de lui, il ne
donne rien et donc on ne lui doit rien, surtout on ne
lui doit aucun don libre de l'âme, aucune sorte d'amour.
On n'en doit pas, d'ailleurs, davantage aux autres hommes qui ne peuvent rien pour nous, pour lesquels
nous ne pouvons rien. Le sage peut faire du bien aux
autres hommes, il le doit même, car partout où il y a
un homme il y a place pour un bienfait : *ubicumque
homo est, ibi locus beneficii est* (2) ; mais ce bienfait le
sage l'accomplit moins pour son semblable que pour
lui-même, pour développer son être propre et réaliser
son harmonie intérieure. Le chrétien pleure avec ceux
qui pleurent, se réjouit avec ceux qui se réjouissent :
flere cum flentibus, gaudere cum gaudentibus (3), le
stoïcien prend des mines attristées en face du chagrin

(1) Epictète, *Manuel*, xii, xiv.
(2) Sénèque, *Ep.*, xxiv, 3.
(3) *Rom.*, xii, 15.

d'autrui, mais il prend bien garde que son âme ne soit point troublée (1). Son âme n'est point fraternelle, enfermée qu'elle est dans le souci de sa propre perfection. Le christianisme nous enseigne, au contraire, à chercher notre perfection dans l'effort pour perfectionner les autres, par lui nous sommes vraiment tous frères, parce que nous avons un seul père, notre père qui est aux cieux.

* *

Qui es in cœlis : Ces mots, disent les commentateurs, signifient la majesté, l'autorité, la puissance de Dieu. Dieu est esprit, il est partout, c'est-à-dire, au vrai, qu'il n'occupe aucun espace, il n'a donc point un trône où il siège, ni un palais dans une capitale située par-delà les calottes sphériques de cristal bleu qu'imaginaient les anciens, où les planètes et les étoiles étaient accrochées comme des lampes d'or, et qu'on appelait les cieux. Ces sphères mobiles et transparentes étaient au nombre de sept, une pour chacune des sept planètes, toutes se mouvant autour de la terre immobile, d'orient en occident, et elles étaient enveloppées d'une autre sphère, la sphère des fixes, située au delà du septième ciel. C'était au delà encore de cette dernière sphère que les esprits enfantins situaient la demeure de l'Eternel.

Par-delà tous les cieux, le dieu des cieux réside.

Ce rêve imaginatif s'est évanoui. Alors même qu'ils lui accommodaient leurs paroles, les vieux téologiens du christianisme ne l'ont jamais pris à la lettre. Dieu est esprit, et les cieux, comme lui, sont partout. Mais on a raison de dire que *notre Père est aux cieux*, car *notre Père* est sublime, il dépasse notre condition de toute la hauteur de sa divinité, de plus haut que toute la hauteur des cieux. L'image est insuffisante, elle porte

(1) EPICTÈTE. *Manuel*, XVI.

cependant l'âme vers la vérité, elle lui fait chercher
Dieu dans les sublimités et sur les hauteurs, non pas
sur les hauteurs des monts comme faisaient les adora-
teurs de Baal et après eux les Juifs, mais sur les
hauteurs de la conscience et de la pensée, sur les
hauteurs de l'esprit.

Ce Dieu n'est pas seulement très haut, très pur et
très grand, digne de toute adoration et de tout respect,
il est encore le Dieu mystérieux et caché, *Deus abscon-
ditus* (1). Le mystère infini des espaces stellaires qui
reculent sans cesse devant l'œil étonné de l'homme est
le juste symbole du mystère divin. Dieu est connu,
mais il est aussi inconnu. Il reste père, puisqu'il a bien
voulu se révéler tel, mais il est aussi mystère. Son être
est l'Etre, et c'est un abîme. Insondable. Aucun bruit ne
monte, qui réponde à la plupart de ces interrogations
que nous jetons comme des pierres dans le puits divin.
Silence et ténèbres.

Un murmure confus, la raison qui nous révèle une
existence et des perfections inconnaissables. Une voix
faible, mais sûre, mais claire, la Révélation, la Bible,
l'Evangile, l'Eglise. Tout le reste est silencieux. Une
lueur sur l'Océan. Saint Thomas, commentant Denis
l'Aréopagite, a écrit : *Deus est ignotum,* Dieu, c'est
l'inconnu. L'inconnu, au neutre. Qui donc disait que
Thomas d'Aquin était intellectualiste ? La philosophie
moderne parle de l'inconnaissable : chose en soi, de
Kant ; série des causes, de Comte ; substance inattingible des choses, de Spencer, notre Dieu est aussi inconnaissable. Et cependant il s'est révélé aux petits. Nous
ne sommes pas terrifiés par le mystère qui nous entoure,
que nous retrouvons partout, même dans les choses
ou les événements les plus coutumiers, nous n'éprou-
vons aucune crainte, nous nous sentons en confiance,
comme le voyageur de Fénelon dans son île enchan-
tée (2), parce que nous savons qu'une Paternité est

---

(1) Isaïe, xlv, 15.

(2) *Tr. de l'exist. et des attrib. de Dieu,* première partie.

l'âme de ce mystère. Nous avons confiance en Dieu. « Car quel est celui qui, quand son enfant lui demande du pain, lui donnera une pierre ou un serpent au lieu d'un poisson (1) ? » Et la femme illettrée qui égrène son chapelet et murmure ses patenôtres en sait autant sur ce point que le plus grand philosophe. Elle en sait même plus si elle croit mieux. Perdu dans une forêt immense et sombre, cherchant un abri pour la nuit, le plus grand savant en optique, fût-il Newton ou Fresnel, est moins avancé que son domestique, si celui-ci a de meilleurs yeux.

*
* *

Sanctificetur nomen tuum : Que votre nom soit sanctifié. C'est la première demande et, comme il est juste, elle a pour objet de glorifier Dieu plutôt que de l'entretenir d'abord de nos intérêts. La gloire de Dieu, l'honneur de son nom doivent être placés avant tout. Naturellement, puisque c'est là le meilleur. Aussi ramène-t-on ordinairement à cette formule les devoirs que nous avons envers Dieu, envers son nom et sa majesté : « Dieu en vain tu ne jureras (2). » Il est cependant permis d'y voir autre chose.

Constatons d'abord que le nom exprime pour les anciens l'essence des choses. La Bible remarque que les noms qu'Adam donnait aux diverses créatures leur convenaient admirablement (3) ; non seulement le nom exprime l'essence, mais il correspond dans la pensée à la possession de cette essence ; connaître l'essence, disposer de la formule qui correspond à l'essence, c'est pouvoir disposer de la chose même. De là l'importance des formules cabalistiques. De là la défense faite aux Juifs d'écrire ou de prononcer le nom divin, ou plutôt l'impossibilité de nommer Dieu. Pour ceux qui savent

(1) Luc., xi, 11.
(2) *Exode,* xx, 7 ; *Lévitique,* xviii, 28, xix, *Deutéron.,* v, 11.
(3) *Genes.,* ii, 20.

que leur Dieu est le Tout-Puissant, qu'il est innom
mable, se servir pour le désigner comme par son no
d'un nom qui n'est pas, qui ne peut pas être le sie
c'est insulter Dieu. Les Gentils croient pouvoir nomm
leurs dieux, aussi pensent-ils pouvoir, par la connai
sance et l'usage des noms divins, mettre à leur servi
les puissances qu'ils adorent sous les noms de dieu
Vouloir nommer Dieu, c'est le fait d'un insupportab
orgueil, c'est vouloir se l'asservir. C'est la révol
même de Satan. Le nom de Dieu est sacré, inattingibl
comme Dieu même. Le nom de Jésus est aussi sacr
mais il n'est pas inattingible. Il marque la face de Die
tournée vers nous pour nous sauver, c'est donc la for
mule du salut. « Qu'au nom de Jésus tout genou flé
chisse, sur la terre, dans le ciel et dans les enfers (1).
C'est au nom de Jésus que l'Eglise adresse au Pèr
toutes ses invocations. Il est vrai que l'usage de ce no
ne peut pas se faire mécaniquement, il ne suffit pas d
le prononcer des lèvres pour être sauvé. « Tous ceu
qui disent Seigneur, Seigneur, n'entreront pas dans l
royaume des cieux (2). » Il faut croire en lui et laisse
la foi produire dans l'âme toutes ses conséquences,
faut croire en esprit, vivre de la vie même du Christ
« Je vis ; déjà, que dis-je ? ce n'est plus moi, c'est l
Christ qui vit en moi (3). » Quand on en est à ce point l
parole de Jésus se vérifie à la lettre : « Tout ce qu
vous demanderez à mon Père en mon nom, Il vous l
donnera (4)... Demandez et vous recevrez (5). » Et
« Si vous aviez de la foi comme un grain de sénevé (6)
vous diriez à cette montagne : Précipite-toi dans l
mer, et elle vous obéirait (7) ».

(1) *Ad Philip.*, ii, 10.
(2) Matth., vii, 21.
(3) *Galat.*, ii, 20.
(4) Joan., xiv, 13.
(5) Matth,, vii, 7.
(6) Luc., xvii, 6.
(7) Matth., xxi, 21.

Ainsi l'expression « le nom de Dieu » peut signifier la loi intérieure ou l'essence même de la divinité, pour les chrétiens, avant toute chose, la loi mystérieuse de la vie trinaire et une à la fois. A quelle condition cette essence sera-t-elle sanctifiée ? Sans doute Dieu est saint, il est même le trois fois saint, il n'a donc pas besoin de devenir saint, nous ne pouvons rien pour cela, nous pouvons cependant augmenter la sainteté dans ce monde en travaillant à devenir saints nous-mêmes. En un sens et dans la rigueur du terme, nous ne pouvons rien pour Dieu ni pour augmenter sa sainteté ou sa gloire, en un autre sens qui est aussi vrai, que nous comprenons mieux, qui est même le seul auquel nous devions dans la pratique avoir égard, nous pouvons collaborer à l'œuvre de Dieu, et non pas le sanctifier mais nous sanctifier. Et plus nous serons saints, plus nous le nommerons lui-même saint, plus nous reconnaîtrons sa sainteté propre. Car qu'est-ce qu'être saint ? C'est réaliser pleinement la loi, c'est être parfait comme le Père céleste est parfait, c'est faire tout ce que l'on peut pour correspondre à l'adoption du Père, c'est avoir des sentiments et faire des actes de fils et de fils tout petit, tout naïf, tout simple, sentiments et actes d'enfant. Etre près de Dieu et suivre sa voix comme un tout petit enfant marche auprès de son père, la main dans sa main, ne s'inquiétant pas du but du chemin ni du terme de la route, joyeux d'être avec son père et, par sa confiance abandonnée, ne faisant qu'un avec lui.

C'est notre conscience, ce sont les autorités légitimes qui sont pour nous la voix et la main du père. Ecoutons-les, faisons taire les autres voix et les autres sollicitations, modelons sur elles nos pensées et nos actions, tout cela avec calme et force, avec confiance et avec joie. Et c'est là la sainteté même.

*
* *

Adveniat regnum tuum : Que votre règne arrive. La sanctification du nom divin et par elle la sanctifi-

cation des hommes entraîne à sa suite l'avènement du
règne de Dieu. Que le royaume des cieux dont il est
parlé dans l'Evangile soit surtout d'ordre intérieur et
moral, comme le pensent plusieurs exégètes (1), que
le sens de cette expression soit avant tout eschatolo-
gique, ainsi que d'autres le pensent, et que ce
royaume se trouve ainsi réalisé dans un monde futur
où règnent sans entraves la justice et l'amour, c'est
affaire aux savants de décider de ces choses. Pour nous,
catholiques du XXe siècle, héritiers de toute la tradition chrétienne, ces choses ne peuvent plus être sépa-
rées. Leur union forme la substance de notre vie religieuse. Car, d'un côté, nous nourrissons vis-à-vis du
triomphe final de la justice dans l'amour et par l'amour
une espérance invincible et, de l'autre, nous ne conce-
vons pas comment nous pourrions prendre part au
triomphe de la justice si d'abord nous n'étions justes
nous-mêmes. Et c'est le Maître qui nous a appris que la
justice est intérieure, que ce sont les pensées et les dispo-
sitions de l'âme qui méritent d'être appelées justes ou
injustes bien moins que les actes extérieurs. « Ce
n'est pas ce qui entre dans le corps de l'homme qui le
souille, mais ce sont les pensées de son cœur (2). »
C'est pour cela que Jésus disait encore : Le royaume
de Dieu est en vous. *Regnum Dei intra vos est* (3).
Mais ce royaume intérieur de Dieu n'est pas le seul
dont nous désirions l'avènement. Tant qu'il pourra y
avoir ou paraître y avoir contradiction entre l'extérieur
et l'intérieur, tant que l'erreur sera possible et avec
l'erreur l'injustice et par l'injustice et l'erreur, le mal,
le règne de Dieu ne sera pas accompli. Nous aspirons
à un monde où l'esprit, où la vérité n'aura plus à

----

(1) Pour ne citer que les plus récents, on sait que M. HARNACK,
dans l'*Essence du Christianisme* (trad. fr., in-12, FISHBACHER, 1901)
soutient le première opinion, tandis que M LOISY (*L'Evangile et
l'Eglise*, in-12. PICARD, 1902) lui oppose résolument la seconde.

(2) MATTH., XV, 11-17.

(3) LUC., XVII, 21.

combattre contre l'erreur où la justice réglera tous les rapports, où seuls régneront la Vérité et l'Amour.

Ce rêve paradisiaque a hanté l'humanité tout entière ; tous les hommes, même ceux qui nient le ciel, ont la nostalgie du ciel : Renan prévoit un moment où la conscience du divin sera tellement développée dans l'humanité que les hommes seront tous justes et bons ; Spencer et les évolutionnistes nous disent que la science finira par fournir aux hommes les moyens d'éviter toutes les peines en même temps que l'hérédité les fera naître avec des organes de mieux en mieux adaptés, un cerveau de plus en plus équilibré, si bien que la justice nous sera aussi naturelle que peuvent nous être maintenant naturelles la faim et la soif. Les socialistes, les anarchistes font des rêves analogues. Et nous, nous croyons aussi au progrès de la race, mais nous ne croyons pas à ce progrès fatal de la moralité et de la justice. A nos yeux, chaque homme doit établir en lui-même par son effort propre le règne de la justice et de la moralité. La moralité humaine nous paraît avant tout constituée par la qualité de cet effort. Nous croyons à la liberté. Les mouvements mécaniques du monde extérieur n'ont aucune signification morale. Ils peuvent éviter ou produire de la douleur, supprimer ou procurer des plaisirs, mais ils ne produisent aucune vertu. La vertu, la sainteté, sont tout entières d'ordre intérieur. C'est dans l'âme qu'elles règnent, dans la pensée et dans le vouloir. Nous sommes justes et vertueux et saints même dans la mesure où nous voulons l'être, où la volonté de Dieu nous aide à l'être. Et c'est aussi pour cela que nous ne pouvons nous résigner à un monde où la contradiction se fait voir entre l'extérieur et l'intérieur. Nous disons tous : *Pereat mundus, fiat justitia !* Mais nous savons cependant que ce serait la plus cruelle injustice que de vouloir sacrifier le monde à notre idée particulière de justice. C'est à la justice éternelle, universelle, que le monde mérite d'être sacrifié et non aux idées diverses que nous pouvons nous en faire. Il faut, pour

que la justice arrive plénière, que le ciel et la ter
soient renouvelés, avec les conditions mêmes de la vi
et le catholicisme nous assure que nous participeror
à la vie même de Dieu, que nous deviendrons « consor
de sa nature — *Consortes divinæ naturæ* (1) », ainsi qu
le dit saint Pierre. Ce sera l'éternelle vie dans l'éternell
paix et dans l'éternelle joie. Le royaume final de Die
et le royaume de Dieu dans nos cœurs ne former
pas deux royaumes ; le second n'est qu'une partie e
comme une préparation du premier, c'est le seul qui dé
pende de nous ; en demandant l'avènement du royaume
nous nous engageons d'abord à l'établir en nous
mêmes, ensuite nous prions Dieu de nous aider, de
nous unir à lui, incapables que nous sommes d'êtr
ses fils par nous-mêmes, et enfin nous prions Die
qu'il hâte pour nous l'avènement du royaume.

*
* *

Fiat voluntas tua. Que votre volonté soit faite. Voic
le centre de la prière du Seigneur. C'est ici que con
verge tout le *Pater.* Paternité divine, suprématie céleste
sainteté du nom ou observation de la loi divine, royaum
de Dieu, tout aboutit à la volonté suprême et à sor
acceptation par nous, à la volonté de sa volonté. Deux
choses sont ici également à remarquer qui contiennent
en elles tout le fond de la théologie et de la morale
chrétiennes.

La première, c'est que Dieu est volonté, liberté, que
sa nature n'est pas quelque chose qui domine son acte
à tel point qu'il serait contradictoire que les choses
eussent été autrement qu'elles ne sont. C'est ce que
toute la théologie catholique a développé dans ses
études bégayantes sans doute — car un tel sujet ne
comporte que des bégaiements — mais aussi profondes
sur la contingence. C'est de cette affirmation de la
liberté de Dieu que sont issues toutes les théories de la

(1) *Ep.* II, i, 4.

liberté de l'homme, toutes les théories et aussi toutes les revendications. Toutes les fois qu'on recherche les titres de la noblesse de l'homme, on trouve à l'origine le Christ. Dieu n'est pas seulement, il veut, il veut l'être, il veut l'ordre, il veut le bien, il veut créer, créer la vie, la sensation, la pensée, il veut être connu, être aimé, il aime, il élèvera donc (1) à soi l'être pensant, il l'adoptera comme fils, il lui donnera part à l'héritage du royaume. C'est par une grâce, par un libre don, qu'il a voulu être créateur ; c'est par une nouvelle grâce, plus abondante encore, tout à fait surnaturelle, par un don nouveau, par une liberté nouvelle qu'il a voulu être père, il nous délivre nos lettres d'adoption. Tout cela, parce qu'il le veut, parce qu'il veut librement, parce qu'il aime. Son amour ne dérive pas de sa paternité. Sa paternité dérive de son amour. Son amour est au-dessus de tout. Il est donc aimable. Nous ne comprenons pas, cela ne fait rien, nous aimons et nous sentons, à la joie de l'âme, à l'afflux de vie intérieure, que nous ne nous trompons pas. C'est cela. Ce sont ceux qui aiment qui savent, et la vieille femme en sait peut-être là-dessus plus long que les philosophes. Rabaissons donc la superbe de l'esprit et vantons les lumières obscures du cœur. Surtout celles des cœurs simples. Socrate avait eu des lueurs de tout cela, quand il disait : « Je ne sais rien hors les choses de l'amour. » Qu'aurait-il dit s'il avait connu le Dieu Père ?

Volonté de Dieu, vous êtes une volonté à la fois toute puissante et paternelle, libre donc et bienfaisante, amoureuse et digne d'amour. C'est pourquoi en présence de tous vos décrets nous disons : *Fiat !* Nous voulons ce que vous voulez, comme vous le voulez, parce que vous le voulez. Nous le voulons sur la terre comme vous le voulez dans le ciel, *sicut in cœlo et in terra;* que la terre imite le ciel en obéissance, que les volontés des hommes, que notre volonté soient dociles comme sont

---

(1) Je supplie les lecteurs pointilleux de ne pas donner à ce « donc » la force d'une conséquence logique.

dociles dans leurs routes d'harmonie les astres et le
éléments.

Et en parlant ainsi, nous ne nous abaissons pas ; loi
de nous déprimer, cette docilité nous relève, fait de nou
vraiment des hommes en nous gardant fils de Dieu
C'est la seconde réflexion qu'il faut faire ici.

En présence de la marche du monde et des événement
où nous sommes entraînés, on ne peut prendre humai
nement que deux attitudes : ou s'efforcer de résiste
aux choses, de les dominer, de les plier à sa volonté
de faire triompher sa volonté sur les forces de la nature
c'est l'attitude superbe du superhomme de Nietzsche
c'est plus ou moins l'attitude de nos païens moderne
qui caressent, grâce à la science, le rêve d'asservir l
monde à la volonté humaine ;

Ou, convaincu de l'impuissance de sa force propre
on s'efforce de dominer sa volonté et de la mainteni
d'accord avec le cours des événements :

Non mihi res sed me rebus submittere conor.

Ce fut la théorie des stoïciens que Spinoza renouvel
dans l'âge moderne. Et leurs raisons sont très simple
c'est que dans sa lutte contre la nature l'homme e
d'avance vaincu. « Conduis-moi, Jupiter, et toi, Des
tinée : partout où vous voudrez me placer, je vou
suivrai volontiers ; si je ne le voulais pas, je deviendra
méchant et ne vous suivrais pas moins (1). »

Les premiers veulent soumettre la nature à l'homme
les seconds soumettre l'homme à la nature.

Mais quiconque a pesé ces graves questions a bien v
que ce sont les stoïciens qui ont raison, que seule l'at
titude du stoïcien est à la fois digne et fondée sur l
raison. Tant que l'homme n'aura pas triomphé de se
désirs, toute la puissance qu'il pourra acquérir sur l
nature ne lui servira de rien, il ne sera ni plus ni moin
malheureux, car le bonheur ne peut exister tant que le

____

(1) Cléanthe cité par Épictète, *Manuel*, LIII.

désirs demeurent non satisfaits. Or, aucune satisfaction ne peut venir de l'extérieur au désir, car le désir ainsi momentanément satisfait s'accroît par sa satisfaction même. Un moment apaisé il reprend, redouble et s'exaspère. Les bouddhistes et Schopenhauer ont fait de l'illusion du bonheur fondé sur la satisfaction du désir une critique définitive. Le désir ira toujours plus loin que les satisfactions que nous pouvons lui donner, fussions-nous les maîtres du monde et les dominateurs de la nature. D'où les pessimistes concluent que le seul bonheur que nous puissions goûter consiste dans la paix vide obtenue par la suppression de tout désir. Les stoïciens, à la fois plus inconséquents et plus humains, veulent que l'homme se raidisse, impassible, et triomphe de ses désirs pour se soumettre à la destinée. Qu'importe s'il souffre ? Sa douleur n'est pas un mal, pourvu que sa volonté conserve sa rectitude, que la ligne de sa vie ne connaisse ni les sinuosités ni les repentirs, que sa tenue ne se démente jamais.

Si fractus illabitur orbis,
Impavidum ferient ruinœ.

Le stoïcisme demande à l'homme de déployer toutes les énergies de l'effort, et cependant il exige que le désir soit déraciné. Il veut que l'homme agisse, c'est en cela qu'il demeure humain ; il veut que l'homme agisse sans désir ; c'est en cela qu'il fait preuve d'inconséquence. Car le désir est à la racine de toute action, on ne peut agir sans désir ; sans émotion pas d'action. Ce sont les résultats les plus incontestés de la psychologie contemporaine.

Ainsi font également faillite et les morales qui enchaînent l'homme au désir et celles qui prétendent l'en détourner.

C'est ici justement que se place le christianisme. Il ne dit pas à l'homme de faire partout triompher ses désirs, il ne lui dit pas davantage de supprimer le désir. Il lui dit : N'aie qu'un désir, celui de faire la volonté de

Dieu. Tu peux avoir ce désir, car la volonté de Di
est celle du Père céleste, elle est bonne et te veut
bien, en l'aimant tu t'aimes toi-même, en la voula
tu te veux. La volonté du Dieu des stoïques n'éta
qu'un déroulement impassible de principes et de cons
quences, ne peut pas exciter l'amour. La volon
aimante du Père céleste l'appelle et l'inspire : « T
aimeras le Seigneur ton Dieu » et cet amour te fou
nira le ressort de sensibilité indispensable à l'actio
Le chrétien, comme le stoïcien, se courbera dor
devant l'inévitable, mais il n'aura pas l'attitude impa
sible et hautaine du stoïcien, dans la douleur même
gardera sur ses lèvres le sourire et une joie inaltér
subsistera dans les arrière-fonds de son âme.

Cependant il ne croira pas devoir laisser la natur
dérouler tous ses phénomènes sans intervenir, il saur
se servir de son intelligence pour interroger l'univer
et lui dérober ses secrets. Il voudra connaître la pensé
divine inscrite dans la nature, il écoutera le langag
que parlent les cieux, la terre et les mers, il y décou
vrira l'écho des pensers divins. Il verra que par l
science il peut mettre les forces du monde au servic
de l'humanité, il le fera donc, car tout l'ordre qu
soumet la nature à la pensée, après avoir fait informe
la pensée par la nature, est un effet de la volonté divine
Dieu a voulu toute cette hiérarchie des ordres qui me
la matière au service de la plante, la plante au service
de l'animal et tout le monde enfin au service de l
moralité humaine. « Car de tous les corps ensemble
on ne saurait en faire réussir une petite pensée (1). »
Le chrétien aime donc la science, se réjouit de pouvoi
avec son aide développer la puissance humaine, épar
gner le labeur machinal de l'être pensant, lui permettre
de relever le front et de donner plus de temps à la
sculpture de son âme, au développement de son être
moral, au culte de Dieu. Tout en étant, quand il le

(1) PASCAL. *Pensées*, art. XVII, 1. — Ed. HAVET, t. II, p. 16.

faut, résigné, il sera dans le monde, et énergique, et actif.

Même cette activité aura dans l'acceptation de la volonté divine le plus noble et le plus sublime emploi. Car cette acceptation sera l'acte d'une libre volonté. Dieu, pour créer le monde, prononce un *fiat*. Et l'homme, de même, pour que la volonté de Dieu se réalise prononce un autre *fiat !* C'est un *fiat* de même nature que prononce Marie à l'heure de l'Annonciation. L'homme n'est pas un esclave auquel s'impose aveuglément une loi extérieure à lui. L'homme est un citoyen du royaume de Dieu : peut-être ne l'est-il pas par nature, mais que ce soit par nature ou par grâce, dans le monde tel qu'il est l'homme est citoyen. Il a le droit de dire que la loi à laquelle il obéit est sa propre loi, et il a le droit de le dire à un double titre, d'abord parce que cette loi est celle-là même qui l'a constitué comme être vivant et pensant, qu'elle ne lui impose aucune fin qui ne s'accorde pas avec sa constitution essentielle, ensuite parce que cette loi il l'accepte et la fait sienne. Qu'il se révolte contre cette loi ou qu'il la subisse de l'extérieur sans l'accepter intérieurement, dans les deux cas, il est également immoral. Dans aucun des deux il ne dit : *Fiat !* Dans aucun des deux il ne veut la volonté de Dieu. L'homme n'est donc véritablement moral qu'en voulant la loi, qu'en la faisant sienne ou en la reconnaissant comme telle. Il n'est donc moral que quand il est autonome. Et voilà comment cette fameuse autonomie de la volonté proclamée par Kant se retrouve, en ce qu'elle a à la fois d'incontestable et d'essentiel, contenue dans la prière que récitent tous les chrétiens. Et il est vraiment à la fois triste et plaisant de voir reprocher à ces mêmes chrétiens leur esclavage et d'entendre qu'en raison de leur hétéronomie on les déclare exclus du royaume de la pure moralité !

C'est le christianisme, au contraire, qui a le premier reconnu et proclamé les droits absolus de la personne humaine, ces droits qu'elle tient de l'adoption divine,

du prix infini dont elle a été rachetée, et que Di
même respecte. Car Dieu ne veut devoir qu'à nou
mêmes notre obéissance, il ne nous sauve pas malg
nous, *non salvat invitos,* il n'a que faire des docili
machinales ou serviles, il réclame l'adhésion aimar
et libre de la volonté. C'est Jésus lui-même qui dit
ses disciples : « Je ne vous ai pas nommé des esclav
mais des amis. — *Jam non vos dixi servos sed am
cos* (1). » Sans cette dignité éminente conférée
l'homme par la doctrine chrétienne il ne serait jama
sans doute venu à la pensée d'aucun philosophe d'a
tribuer à la personne humaine une valeur absolue. C
qu'y a-t-il de plus évident que la relativité de not
être et de notre personnalité ? Partie dans le tou
quoique pouvant refléter ce tout, d'après les stoïcien
modes de la substance, quoique pouvant penser que
que chose de la substance, selon Spinoza ; comme
pourrions-nous prétendre, même dans le panthéism
cette doctrine qui paraît nous relever le plus, à êt
considérés comme le tout ou comme la substance mêm
Il n'y a que dans le christianisme que nous puissio
participer à la nature divine tout en gardant notre di
tinction de personne individuelle.

L'acceptation volontaire de la volonté de Di
accomplit autant qu'il est en nous l'union de notre pe
sonne à la puissance divine. C'est à ce point que s'
chève la vie religieuse et c'est à bon droit que sai
Ignace de Loyola a fait de cet abandon volontaire
Dieu le point culminant ou le centre de la religion.

Cela fait et bien compris, nous pouvons après pass
aux autres demandes qui semblent faites dans not
intérêt et qui le sont en effet, mais toujours sous l
réserve et sous la caution de l'assentiment accordé
la volonté divine. Nous sommes des enfants, pourqu
ne demanderions-nous pas à notre Père des cieux to
ce qui nous est utile ou même tout ce qui peut nou
être agréable ? Et quel est ce pharisaïsme ou ce jans

____

(1) JOAN., xv, 15.

nisme chagrin, qui voudraient nous interdire d'exposer avec confiance et naïveté au Père des cieux nos nécessités et nos désirs ? Nous voulons tout ce que voudra le Père, il est bien clair par là même que nous ne désirons rien qui soit par lui défendu, rien qui puisse diminuer en nous l'amour que nous avons pour lui et le sentiment de notre filiation. Dès lors, pourquoi ne pas lui demander, même nommément, tout ce qui nous paraît bon ? Même les biens matériels, puisqu'ils sont des biens, nous pouvons les demander. Pourquoi Dieu prendrait-il notre demande en offense ? Est-ce qu'un père est fâché des demandes même indiscrètes, même sottes ou déraisonnables du petit enfant qui ne sait la portée ou la valeur de ce qu'il demande ? Se fâche-t-on, quand on est très raisonnable, de ce qu'un enfant demande la lune ou de ce qu'il voudrait jouer avec le feu ? On se contente de sourire et de refuser. Nous pouvons tout demander à Dieu de ce que nous croyons bon, nous ne saurions être répréhensibles et nous serons tout à fait louables, si nous disons : « Seigneur, s'il est possible, accordez-moi ce dont je vous prie, mais cependant que votre volonté s'accomplisse et non la mienne. »

On ne pourrait nous blâmer que si nous insultions la divinité en lui demandant des choses que nous savons immorales, en supposant que par des présents ou des gestes extérieurs nous arriverons à la corrompre. Mais comment une telle extravagance serait-elle possible avec la conception chrétienne du Dieu souverainement moral qui est le Père céleste ?

**

« Nous nous adresserons donc à Dieu avec la plus entière confiance et nous lui dirons d'abord : Donnez-nous aujourd'hui notre pain de chaque jour, *panem nostrum quotidianum da nobis hodie.* Nous le prions ainsi de nous accorder ce dont nous avons besoin pour vivre, le pain, pain de l'âme et pain du corps. Nous ne

demandons pas de vivre, mais ayant en notre être proj
ce qui est requis pour vivre nous demandons à Dieu
nous donner les moyens extérieurs de vivre. Nous
demandons pas la vie, nous l'avons, mais la substance
la vie. Et nous ne demandons pas seulement du pa
nous demandons un pain qui soit nôtre. Jésus dit, en eff
non pas seulement : *panem quotidianum*, mais *pan*
NOSTRUM *quotidianum*. Or, à quelle condition sera-
nôtre ? A la condition que nous l'ayons gagné par nos for
propres, à la sueur de notre front. Ce que nous dema
dons, c'est donc moins le pain lui-même que le moy
d'en gagner, moins le pain que le travail. Car celui q
ne travaille pas, celui-là ne doit pas manger, *qui n*
laborat et ille non manducet (1). La santé, la for
afin de pouvoir gagner notre pain, voilà ce que no
demandons à Dieu de nous accorder et aussi le moy
extérieur d'user de cette force et de cette santé, la po
sibilité de travailler. Et qu'on ne pense pas que ce so
nos préoccupations présentes de chrétiens sociaux q
nous inspirent ces réflexions. Le *Catéchisme du Conc*
de Trente, il y a quatre siècles, en contient de tout
semblables. On y peut lire en effet : « Le pain est appe
« notre pain parce que nous devons le gagner selon
« justice, que nous ne devons pas nous en emparer p
« l'injustice, la fraude ou le vol : car ce que nous no
« procurons par de mauvais moyens n'est pas nôtr
« Tu travailleras de tes mains pour manger, dit
« Prophète, et ainsi tu seras heureux... » A ceux q
« demandent leur vie au juste travail, Dieu promet
« fruit de sa bienveillance : « Le Seigneur enverra
« bénédiction sur toutes les œuvres de tes mains et
« te bénira (2). »

En outre du pain matériel, nous demandons encore
pain de l'âme, la grâce de Dieu, la nourriture de l'es
prit, les sacrements, le pain eucharistique, celui-l
même sans doute que saint Matthieu voulait signifi

(1) II *Thess.*, III, 10.
(2) *Cat. conc. Trid.*, p. IV, c. XIII, 21. 22.

par l'épithète de « *supersubstantiel* » qu'il ajoute au mot
« pain ». Ici, comme tout à l'heure, nous ne demandons rien que nous ne devions gagner en quelque sorte,
ou en tous cas nous procurer par notre effort propre.
Même pour recevoir les secours divins les plus gratuits,
il faut agir, ne serait-ce qu'en réprimant les tendances
spontanées qui s'opposeraient à la réception et à
l'efficacité de ces dons. Nous ne nous donnons pas la
substance de notre vie, nous ne créons rien : la terre
nous est donnée comme notre corps, l'aliment divin de
l'âme tout comme l'âme ; mais dès qu'avec la raison la
volonté se manifeste en nous, nous ne pouvons plus
vivre d'une vie vraiment spirituelle sans déployer les
énergies du vouloir. La passivité mystique absolue a
pu, peut-être, exister en quelques âmes pour quelques
rares instants, mais outre que ces états avaient été
préparés par des efforts antérieurs, on ne peut placer
dans de tels états l'idéal de notre vie religieuse. C'est
l'Eglise même qui a condamné le quiétisme. Nous
devons travailler et peiner pour gagner et faire nôtre le
pain spirituel comme le pain matériel.

Ce pain d'ailleurs, priant tous les jours, nous ne le
demandons que pour le jour même. *Quotidianum.*
Demain nous recommencerons la même demande avec
la même confiance. Nous sommes en la main du Père
et nous ne nous inquiétons de rien autre que de faire
aujourd'hui ce que nous avons à faire. Demain amènera de nouveaux devoirs, de nouveaux besoins, une
nouvelle prière, un pareil exaucement. « *Nolite solliciti esse. Sufficit diei malitia sua* (1). — Ne vous
inquiétez point. A chaque jour suffit son mal. » Et
cela ne veut pas dire que la prévoyance nous soit interdite. Le mot « jour » ici ne saurait être limitatif. Il
signifie l'espace de temps, quel qu'il soit, sur lequel
peuvent porter avec une probabilité très approchée
nos prévisions. Donc nous pouvons avoir des desseins,
et même à longue portée, nous pouvons même nous

____

(1) MATTH., VI, 34.

tracer un plan pour toute la vie ; ce qui nous e
défendu, c'est d'évoquer sans cesse les images de tou
les événements qui pourraient troubler nos desseins c
les faire échouer. Prévoyons les probables, dont le
commencements s'ébauchent dans la réalité présent
prévoyons-les afin de n'en être pas surpris et de par
aux difficulés, mais ne nous forgeons pas des chimère
Surtout ne nous représentons aucune difficulté sar
lui opposer en même temps un plan de défense.

Les inquiets sont ceux qui prévoient la ruine possib
de leurs desseins et qui ne sont pas capables de s
représenter en même temps un nouveau dessein qui le
dédommagera de la ruine du premier. Vous travaillez
telle entreprise et vous pensez qu'elle peut échouer, r
présentez-vous donc une nouvelle entreprise par laquel
vous remplacerez celle qui vous aura échappé. Ce qu
inquiète et qui trouble l'homme, c'est le vide qu'il aper
çoit dans sa vie, dans la chute de ses espérances,
dépend de chacun de nous de remplir ce vide par d
nouveaux plans auxquels s'attacheront de nouvelle
espérances. Il faut être un positif, non un négatif, u
constructeur et non un conservateur. Ce qui fait qu
tant de gens s'imaginent que tout est perdu parce qu'il
voient disparaître certaines formes de vie, traditions
coutumes, opinions, manières d'agir ou manières d
penser, c'est qu'ils sont incapables de se représenter autr
chose que ce qui est, ce sont des esprits sans imagination
des âmes sans persévérance, des cœurs sans élan.

Quand on a construit son dessein, édifié son plan, on
assigne à chaque jour, à chaque heure la tâche qu'i
faut remplir, et on vit heure à heure, au jour le jour.
Que si, aux instants marqués, le dessein ne s'accompli
pas, on y remédie sur l'heure, toujours soutenu d'ailleurs
par cette pensée, que rien n'arrive sans la permission
du Père céleste ; qu'il veut notre bien et qu'il sait mieux
que nous-mêmes ce qui nous est bon. Cela réussit que
je croyais bon, tant mieux ! Cela ne réussit pas que je
croyais bon, tant mieux encore ! Je demandais à Dieu
du pain, il m'envoie la figure d'un serpent, mais je sais

bien que ce n'est qu'une figure et que sous cette figure
se cache une réalité qui m'apparaîtra plus tard, et cette
réalité, combien de fois, ô Dieu, ne l'ai-je pas expé-
rimenté ! est bien meilleure et plus substantielle
que le pain que je demandais. Jour à jour, heure
à heure, nous pouvons être traversés dans nos desseins particuliers, dans nos espérances singulières, le
tissu de nos plans et de notre vie peut être déchiré,
déchiqueté et mis en charpie, mais le dessein qui en fait
la trame, l'espérance qui le supporte, sont d'un fil si fort
et si résistant que rien ne peut les rompre, car ce dessein n'est autre que de faire ce que Dieu veut, et cette
espérance s'appuie sur son indéfectible bonté.

*\
* *

C'est à cette bonté que nous nous adressons pour lui
dire : « *Dimitte nobis debita nostra sicut et nos dimittimus
debitoribus nostris* », ce qu'on traduit ordinairement
ainsi : « Pardonnez-nous nos offenses comme nous par-
« donnons à ceux qui nous ont offensés », mot à mot :
« Remettez-nous nos dettes (nos péchés) comme nous
les remettons à nos débiteurs. » Nous devons à Dieu toute
notre vie ; lui devant tout, nous lui sommes comptables
de tout, de toutes nos pensées, de toutes nos énergies ; or,
avons-nous toujours conduit et notre corps et notre esprit selon la rectitude des voies divines, avons-nous
employé nos forces à l'œuvre que voulait Dieu, qu'il
nous indiquait par la conscience ? N'avons-nous pas
gaspillé ces forces au service de maîtres moins bons et
plus tyranniques que Dieu ? Et ne devons-nous pas à
Dieu ces forces que nous avions reçues de lui pour bien
faire ? Dépositaires infidèles, nous avons dissipé la puissance reçue ; au lieu d'aller aux œuvres de lumière, de
justice, de bonté, nous l'avons employée aux œuvres de
ténèbres, d'injustice et de méchanceté. Malheureux dis-
sipateurs ! Infortunés coupables ! Comment ferons-nous
pour remonter vers la justice ? Comment rendre le dépôt
confié ? Où trouver des forces nouvelles pour restituer

les forces perdues ? Rien n'est à nous, nous ne créo
rien. Et cependant il faut rendre, rendre sous peine
demeurer dans l'injustice et la déraison. Mais nous
pouvons pas rendre. Sommes-nous donc condamn
sans espoir dès que nous avons failli ?

Un Dieu simplement juste et bon, un Dieu comn
celui d'Aristote et de Platon, laisserait la justice s'accon
plir et le dépositaire à la fois insolvable, infidèle
courbé sous le poids de sa dette éternelle. Mais le Die
du christianisme n'est pas seulement juste, il n'est pa
seulement bon, il est tendre, il est miséricordieux,
est père : « *Ubi abundavit delictum, superabundav*
et gratia (1). »

Il ne pardonne pas une fois, mais sept fois et septant
fois sept fois. Il est le bon Pasteur et va dans le déser
chercher la brebis perdue. On lit même dans l'Evangil
cette étonnante parole : « Il y a plus de joie dans l
ciel pour un pécheur qui se repent que pour un just
qui persévère (2). » C'est pourquoi le pécheur, le débiteu
insolvable, du fond de la détresse de son âme, en proi
aux morsures de sa conscience, au lieu de désespérer
de s'abandonner, et de se détester lui-même, ne détest
que l'heure de sa défaillance, qu'un moment de s
volonté, et crie vers le ciel : « *Miserere !* » Père, aye
pitié ! — Le Père qui a donné les forces perdues es
inépuisablement fécond, il peut, s'il le veut, effacer l
dette, créer de nouvelles forces pour remplacer celle
qui ont été gaspillées, ou s'y prendre d'une autre ma-
nière, réparer en un mot le mal commis et tenir quitte
le dépositaire. Mais il faut pour cela que ce pécheur
soit rentré d'abord dans la justice en reconnaissant sa
faute, et c'est ce qu'il fait en priant le père de lui
remettre sa dette ; plus encore, que le pécheur se soit
élevé au-dessus de la justice, car la justice voudrait
que sa dette fût payée, et la rémission de la dette est

(1) *Rom.*, v, 20.

(2) Luc., xv, 7.

un don qui appartient à un ordre du vouloir distinct
de l'ordre de la justice ; il faut que le pécheur, à sa
place et à son rang, fasse un don semblable à celui
qu'il demande à Dieu, qu'il entre dans le royaume de
la charité, supérieur à celui de la justice, et il marque
son entrée dans ce royaume en décidant qu'il pardonne
comme il veut être pardonné, qu'il libère ses débiteurs
comme il veut être libéré lui-même. Et l'acte par lequel
il pardonne est celui par lequel il est pardonné. Car
à cet acte surhumain il ne collabore pas seul, le don
divin lui a donné aide, et c'est ce don même qui scelle
et assure le pardon.

Voici la dette remise, l'âme rétablie en sa dignité
première, avec l'intégrité du dépôt. Mais il ne faut plus
être infidèle et dissipateur.

*
* *

C'est pourquoi nous disons à Dieu : « *Et ne nos indu-
cas in tentationem.* — Ne nous laissez pas succomber à la
tentation. » Ces forces dont nous disposons, nous sommes
sans cesse sollicités à les distraire du but pour lequel
nous en disposons. Des voix intérieures nous sollicitent,
des voix extérieures nous appellent, des impulsions
sourdes et ignorées qui viennent des replis obscurs de
l'être, des résidus inconscients des hérédités mauvaises,
nous excitent à gaspiller le dépôt. Des vapeurs nous
grisent, des parfums nous entêtent, des sirènes nous
enchantent, toute la figure extérieure de ce monde
nous entraîne à répandre au hasard les forces qui nous
furent confiées pour faire notre œuvre d'êtres raison-
nables et de fils de Dieu. Tous ces entraînements, toutes
ces séductions, toutes ces sollicitations, toutes ces atti-
rances perfides dont on symbolise l'action en les attri-
buant au Tentateur, à l'Esprit des ténèbres et du mal,
toutes celles qui viennent véritablement de lui, et
qu'il nous est impossible de distinguer, on les nomme
donc et à bon droit des tentations. Sans tous ces attraits
pervers, sans cette concupiscence de la chair et des yeux,

sans cette superbe de l'esprit qui nous égarent et n
troublent, notre vie s'écoulerait calme et paisible, orien
naturellement vers la lumière et la vertu ; au lieu
cela nous avons la lutte, lutte de la chair et de l'esp
et lutte, dans l'esprit même, des présomptions et
prudences, de l'humilité et de l'orgueil. Cette lutte
notre vie même. Nous sommes divisés contre no
mêmes et ce n'est pas seulement deux homm
c'est plusieurs hommes qui se font la guerre en no
Nous ne pouvons conquérir la paix que par la dor
nation donnée à la loi, à la raison, aux plus nob
parties de l'esprit sur tous les éléments inférieurs et
la chair et de l'esprit même. C'est pourquoi nous dema
dons non pas tant que la lutte cesse, que la tentati
s'apaise, mais que l'aide divine nous assiste et no
assure le triomphe. L'enfant menacé par des ravisse
et ne pouvant résister seul appelle au secours son pè
Et ce père céleste qui est tout-puissant répond au
de l'enfant ou plutôt, en lui inspirant de crier vers l
il lui a déjà répondu, car déjà les ravisseurs sont
fuite.

*
* *

« *Sed libera nos a malo.* — Mais délivrez-nous
mal. » Par ce dernier cri de l'âme nous demando
que Dieu nous épargne les maux. D'abord, selon sai
Thomas, le plus horrible de tous, l'insuffisance de
qui est nécesaire pour la vie. Car alors l'homm
acharné à la recherche de ce nécessaire, déprimé p
l'insuffisance de son être, n'est plus même capable
relever vers le ciel la tête, il est rejeté presque en deho
de la moralité, et cette misère profonde l'exile en quelq
sorte de l'humanité. C'est, après le péché, le pl
grand des maux. Et c'est pourquoi Léon XIII a vou
insérer dans son Encyclique sur la Condition d
ouvriers que « la plupart des hommes des classes inf
rieures sont dans une situation d'infortune et de misè
imméritée, *pars maxima in misera calamitosaq
fortuna indigne veratur* ». Aussi saint Thomas a-t-il

dire qu'il fallait à l'homme un certain degré de substance pour être capable de vertu.

Après avoir demandé la libération du mal qui empêche en nous la réalisation du bien, nous demandons
encore d'être délivrés non pas tant du péché, puisque
nous venons il n'y a qu'un instant de le demander, que
des maux qui en sont les conséquences, qui viennent
de l'état précaire et misérable de notre actuelle condition, les dépressions et les infirmités de l'être, les tristesses, les dispersions et les sécheresses, les désolations
de l'âme, la douleur sous toutes ses formes et surtout
sous celles qui risquent de nous ébranler dans notre
assiette morale, de nous reployer trop vivement, trop
fortement sur nous-mêmes, tellement que nous soyons
poussés, absorbés que nous serions, à oublier le Père
céleste. D'ailleurs, la douleur par elle-même est un
mal, Dieu ne la veut pas, Dieu ne l'aime pas, ce n'est
pas de lui qu'elle vient, mais du trouble que la liberté
pécheresse de l'homme a apporté à l'œuvre divine. En
demandant à Dieu de nous l'épargner, de nous en déli-
vrer, mais toujours sous la réserve de vouloir sa volonté, nous ne demandons à Dieu que de nous repla-
cer dans l'état initial où il avait voulu mettre toute
existence humaine. Nous nous unissons ainsi à la pure
et essentielle volonté de Dieu qui est que le mal cesse
et que le bien soit.

* *

Que reste-t-il pour conclure ? Il reste que nous obser-
vions à la suite de saint Thomas (1), que dans cette
suite de pensées humano-divines un ordre profond se
trouve observé qui, commençant par la fin suprême
de l'homme, développe en demandes, en formules de
prières, la suite complète des moyens par lesquels la
fin se trouve réalisée. La filiation de l'homme vis-à-vis
de Dieu, l'entrée dans l'héritage céleste est le but suprême ; en ce but se trouve toute la gloire du nom di-

______

(1) IIa IIæ, q. LXIII,

vin que nous demandons d'abord ; cette gloire elle
même est la suite de l'avènement du royaume qui fai
l'objet de la deuxième demande ; le royaume est réalis
par l'accomplissement de la volonté de Dieu, qui es
justement ce que nous demandons en troisième lieu
mais pour que la volonté de Dieu s'accomplisse il nou
faut d'abord la vie et ce qui soutient la vie, tout ce qu
est symbolisé par le pain réclamé dans notre quatrièm
vœu ; il faut encore que nous ayons une volonté puri-
fiée des faiblesses antérieures, libre et franche d
toute dette, donc le pardon que nous implorons dan
la cinquième formule ; enfin que nous soyons préservé
des chutes à la suite de la tentation, et délivrés de tou
mal, ce que nous demandons en sixième et septièm
lieu.

La première moitié du *Pater* est donc une contem-
plation des fins divines par rapport à l'homme, de ce
que l'on pourrait appeler les fins religieuses de Dieu e
qui sont : la filiation divine, l'adoption de l'homme pa
le Père céleste, essence ou fondement du christianisme
la gloire, la reconnaissance, la proclamation de la
sainteté de Dieu, l'avènement du royaume de Dieu
dans les âmes, l'accomplissement de la volonté du Père
céleste, la communion de la volonté humaine avec la
volonté divine, la réponse filiale de l'homme par sa
libre obéissance à la grâce de la divine paternité.

Dans la seconde moitié, l'homme se considère lui-
même, il voit ses nécessités, ses besoins, ses misères de
toute nature, il demande le pain, il implore le pardon,
il crie : Au secours ! il appelle le médecin tout-puissant
qui peut guérir tous les maux, panser toutes les blessures. Délivré du mal, rassuré contre les tentations, libr
de ses dettes, muni de forces tous les jours renouve-
lées, ainsi consolé, raffermi, pardonné, fortifié, l'homme
sent à mesure sa volonté s'unir de plus en plus à celle
de la bonté souveraine, il entre dans le royaume céleste
plutôt comme un ami que comme un sujet, il se sent
citoyen de ce royaume, il chante les louanges du Roi
suprême, il entonne un hymne à son nom, et ce fai-

sant il se trouve qu'il se célèbre lui-même, car le nom de Dieu qu'il célèbre, grâce à l'adoption divine, lui convient aussi, il prend part à la vie divine, et la conscience de cette sublime filiation lui procure toute la joie que son être est capable de ressentir.

Arrivé à de tels sommets où l'horizon de la vie humaine se renverse et se transfigure, où l'homme rencontre Dieu, il ne reste qu'à se taire et à prononcer l'*Amen* hiératique qui scelle tous ces mystères du souhait de leur accomplissement.

* *

Cependant au fond de la chapelle étoilée de cierges, aux pieds de la Vierge et de la Croix, la vieille femme, le cœur plus chaud près du Père, a continué d'égrener, même en somnolant quelquefois, les *Pater* et les *Ave*; elle sent vaguement en elle la communion s'opérer entre la mystérieuse paternité qu'elle invoque, sa lassitude se dissipe, sa tristesse s'évapore, le visage de ses chers morts lui sourit dans l'ombre ; elle se relève plus forte pour remplir les derniers devoirs qui l'attachent à la vie. Toutes ces pensées diverses que l'intelligence formule et qui symbolisent de si loin les choses, elle a fait mieux que se les représenter, elle les a véritablement vécues. Son corps tout comme son âme a participé à l'acte pieux ; la prière ne s'est pas en elle exprimée en pensées claires et dont on risque de s'enorgueillir, mais s'est vraiment transmuée en vie. Et ce sont ainsi ces patenôtres, si humbles et si dédaignées par les intellectuels et par les sages, qui ont véritablement prié.

TABLE DES MATIÈRES

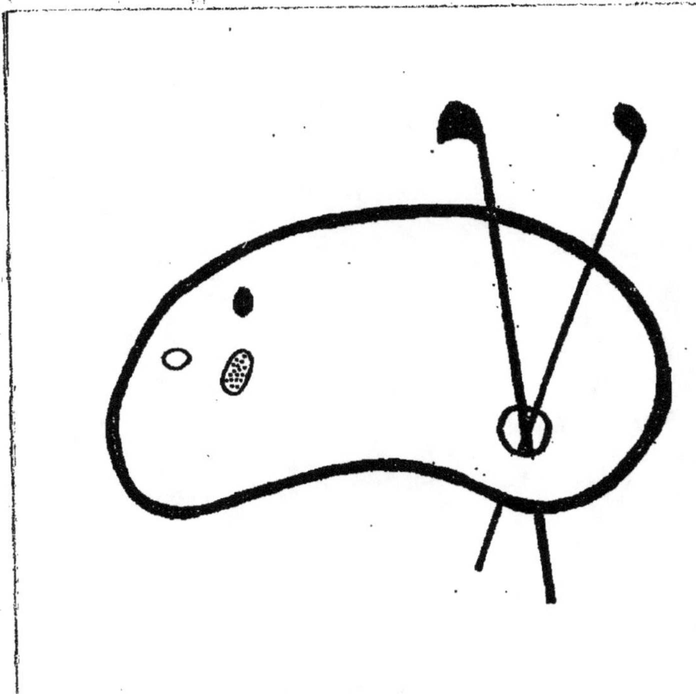

ORIGINAL EN COULEUR
NF Z 43-120-8